中世から近世へ

撰《えり》銭《ぜに》とビタ一文の戦国史

高木久史

平凡社

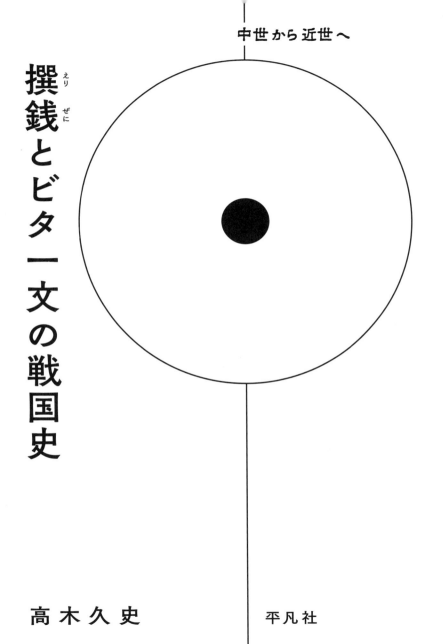

装幀　大原大次郎

撰銭とビタ一文の戦国史◉目次

〈凡例〉

●本書で登場する貨幣・質量の主な単位は次のとおりである。

（銭）一貫文《かんもん》＝一〇〇〇文《もん》　一疋《ひき》＝一〇文

（金）一両《りょう》＝四分《ぶ》＝四・四匁《もんめ》≒一六・五グラム（ただし、一六世紀以降）

（銀）一匁＝一〇分《ふん》≒三・七五グラム

●貨幣現物の写真はおおむね原寸大となるように掲載した。紙面の都合で原寸から大幅に縮小したものは、図版解説内に（縮小）と付した。

●図版名称の末尾に★を付したものは、すべて日本銀行金融研究所貨幣博物館の所蔵である。

はじめに——英雄が歴史を動かすのか、動かされているのか

日本の戦国時代を題材にしたテレビドラマや映画や小説といった創作類は、往々にして英雄本位で語る。破壊的な恐怖政治家である織田信長《おだのぶなが》が全国を政治的に統一する目前に命を落とすだの、社会の底辺層から全国の統治者に登りつめた豊臣秀吉《とよとみのひでよし》が海外に領土を得るべく戦争を起こすも返り討ちに遭い落胆のうちに没するだの、統一政権を支える一大名だった徳川家康《とくがわいえやす》が雌伏の時を経て幕府を開き泰平の世をもたらすだの、といった話だ。

本書では視点を変えてみよう。いわゆる英雄たちが直面し、対処することを余儀なくさせた現実とはなんだったのか。すなわち、英雄たち*が*動かした、ではなく、英雄たち*を*動かした現実とはどのようなものだったのか、というアプローチだ。

当シリーズの共通テーマは「中世から近世へ」である。中世と近世とを別ものとして語るのではなく、移り変わる時代のダイナミズムを語ることが求められている。筆者への課題が貨幣、なかんずく銭《ぜに》である。日本の中世から近世への移行期にあたる、いわゆる戦国時代そ

して信長・秀吉・家康の時代に、銭をめぐってなにが起きていたのか。そして、銭をめぐる現実が彼らをどう動かしたのか。これが本書のテーマだ。

当シリーズで先に発表された柴裕之氏『徳川家康』と平井上総氏『兵農分離はあったのか』は、予定調和的に史実を解釈することは避けるべきだ、という趣旨のことを語っていた。強く共感する。家康の全国制覇といい、現代の研究者が兵農分離の語で概念化している現象といい、当時彼らが直面していた問題に対し、彼ら自身がその場その場の対応を積み重ねた結果だった。グランドデザインに沿って政策を粛々と進めたわけではなかった。

貨幣についても、たしかに結果はわかっている。江戸時代前期すなわち一七世紀に、日本の政府が製造を管理する金貨・銀貨・銭を併用するシステム、いわゆる三貨《さんか》制度が成立する。後世に生きる私たちは結果を知っているので、その結果に向かって英雄たちが着々と手を打っていったと、予定調和的に歴史を解釈してしまいかねない。それは間違いだ。むしろ、その時々の課題へ、右往左往しつつ場当たり的に対処した結果がなんだかそのまま固定してしまったものが三貨制度だった、と考えるべきだ。

本書では、貨幣なかんずく銭を主人公にすることで、銭が英雄たちをどう振り回したのか、あの英雄物語の裏にあった実情をみてみたい。銭の側からみる「中世から近世へ」である。

以前筆者は、日本の七世紀つまり律令国家の形成期から二一世紀の現在までを対象に、金貨・銀貨・青銅貨・紙製貨幣（いわゆる紙幣）など、実際に受け渡しされる貨幣現物に関する通史を発表した［高木二〇一六］。これに対し、本書では中世から近世へ移行する時期に絞り、かつ対象を銭に絞り、より深く掘り下げた話をする。

なお本書は、歴史学のなかでも文献史学ならびに考古学によって得ることができた知見に多くを拠っている。文献史学は古文書などの文字記録（文献資料または文献史料ともいう。本書では「記録」と呼ぶ）を分析するものであり、考古学は発掘調査などで検出した遺跡（人の活動を示す地上または地下における痕跡。遺構すなわち不動産的な痕跡と、遺物すなわち動産的な痕跡からなる）を分析するものである。このことをわざわざいうのは、銭の歴史の研究はこれらをはじめ、さまざまな方法で成り立っていることを読者のみなさんに知っていただきたいからだ。

第一章　銭はどこからきたのか

——ないならつくる

銭とはなにか

本論そのものに入る前に、貨幣、そして銭という語の定義を確認する。貨幣とはなんだろうか。哲学的な議論は避け、ここでは「交換手段や価値尺度の機能を持つ媒体、またはその機能そのもの」という、おおまかな定義のみ示す。

交換手段とは、売買や商取引などの語で一般に表現される、商品（売られている財やサービス）と交換できる機能をいう。一〇〇円硬貨をさし出せば、一袋一〇〇円のポテトチップスと交換できる、という話だ。他の商品に対する請求権を表章するもの、ともいえる。

価値尺度とは、ものの価値を計る基準となる機能をいう。自分が欲しい商品の価値が貨幣の単位で示されていれば、その商品を得るために必要な交換手段の量がわかる。ポテトチップスの値札に一〇〇円と書いてあれば、そのポテトチップスを得るために一〇〇円分の交換手段が必要である、という話だ。

極端な話、すべての商品は貨幣であるともいえる。ポテトチップス一袋とプリン一個とを物々交換したとする。そのポテトチップスはプリンとの交換手段として機能しているし、「プリン一個の価値はポテトチップス一袋分に相当する」と、ポテトチップスを価値尺度と

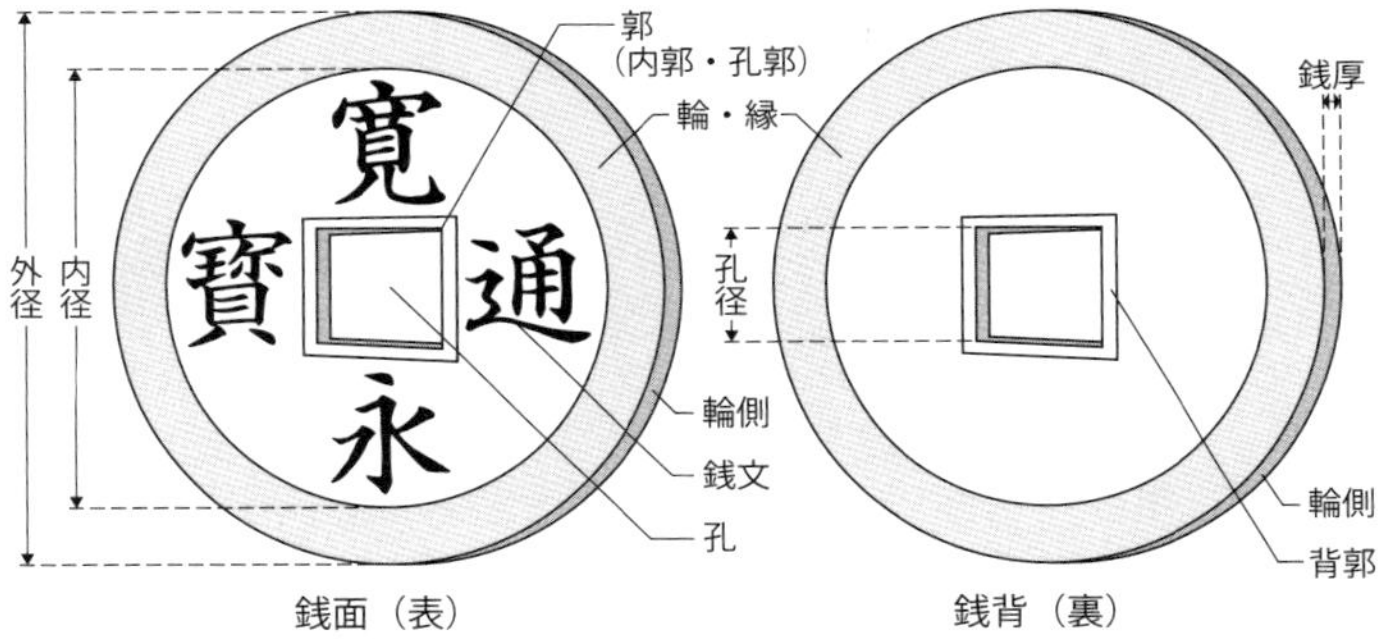

銭概念図（［櫻木2016］所収図を改変）

してプリンの価値を表わすこともできる。

ただし、「一〇〇円でポテトチップスは買えますが、ポテトチップスで一〇〇円は買えません、あしからず」というテレビCMが一九七〇年代後半にあったように、ポテトチップスは交換手段として汎用性が低い。交換手段と価値尺度の機能を持つ数ある媒体のなかで汎用性が高いもの、またはその機能そのものを、私たちは貨幣と呼んでいるようだ。

次に、銭とはなにか。近代以前の日本では、金属製の、円形で中央に孔（たいていは方孔《ほうこう》つまり四角い穴）がある塊が「銭」と呼ばれ、貨幣として使われた。『忍たま乱太郎』のきり丸が好きなアレだ。なお、筆者が子どもだった昭和《しょうわ》後期には「銭形平次が投げるアレ」といえば通じた。ご存じない若い読者のみなさんは、ネットでぜひ検索していただきたい。

形は中国の銭をモデルとしている。円形で方孔の形は、円形が天を表わし、方形が地を表わすという、中国の世界観を反映している。孔が四角ければ、鋳型から出したあとに縁を研磨する工程で四角い棒に挿すと固定しやすい（孔が円形だと固定しにくい）、つまり作業しやすくなる、という意味もあっただろう。

銭にはさまざまな種類があるが、どれも直径が二・五センチ前後で質量が三～四グラム程度である。なお、現行の五円硬貨が直径二・二センチ、質量三・七五グラムである。銭の貨幣単位は「文《もん》」である。中世の日本では原則として、どの銭も額面を一文で使った（第二章で再論）。こういう、規格を標準化し、個体ごとに額面が決まっており、個数を数えるだけで使う貨幣を計数貨幣という。銭や、現在の日本銀行券、日本政府が発行する硬貨がそうだ。ちなみに、使うにあたり質量や金属含有率を計り、それに応じて額面が決まる貨幣を秤量《しょうりょう》貨幣という。江戸幕府が発行した銀貨がそうだ（第三章で再論）。

なお、「銭貨」の語を使う研究者もいる。例えば、三貨制度は近世日本の政府が生産を管理する金貨・銀貨・銭貨を併用するシステム、と定義することがある。

「金貨」「銀貨」が素材を基準とする語であるのに対し、銭は形状を基準とする語である。日本の銭は主に青銅（銅と錫の合金。往々にして鉛も含む）でできているが、古代の日本政府（いわゆる朝廷）はほぼ鉛でできた銭を発行したし、中世には民間がほぼ純銅でできた銭をつくり、古代政府や秀吉政権は金または銀で銭をつくり、江戸幕府は鉄または黄銅（銅と亜鉛の合金）でも銭をつくった。つまり、日本史に登場する銭の素材は、金・銀も含めてさまざまなものがあった。金貨・銀貨・銭貨と並べて語る場合には、概念の基準が異なるものが混ざっていることに留意すべきだ。

本書で金貨・銀貨という場合は、形にかかわらず、貨幣として使った金製・銀製の塊を指す。銭という場合は、素材にかかわらず、貨幣として使ったかどうかにもかかわらず、先に述べた形のものを指す。本書では触れないが、銭のなかには、宗教的な儀式でのみ使い、交換手段として使わなかったものもある。それを銭「貨」と呼ぶのは適切でない。これも銭貨の語を使わない理由である。

本書では、近世日本の三貨制度を構成することになる要素のうち、銭を主人公として語る。理由は二つある。一つめが、中世の日本で金属貨幣は銭のみであり、かつ近世でも使われたからだ（金貨・銀貨は一六世紀から使われ始める）。つまり、銭を主人公にすれば、中世と近世を通して歴史を語ることができる。

二つめが、小額貨幣つまり額面が小さい貨幣が、庶民経済の発展を示すバロメータだからだ［岩橋二〇〇二］。庶民一人ひとりが日常生活で売買する額は、政府や企業のそれに比べて小さい。だから、庶民が日常生活で使う貨幣の額面は相対的に小さい。小額貨幣が多く流通していれば、庶民が貨幣を多く使っているということ、つまり庶民経済が発展していると推定できる。その発展の度合いを知ることは、庶民がボトムアップしている社会全体の経済がどれほど発展しているのか、社会で富がどう分配されているのか（豊かなのは上層だけなのか、それとも庶民もなのか）を知るためにも役に立つ。三貨制度を構成する要素のうち、金貨と銀貨は相対的に高額の貨幣であり、銭は相対的に小額の貨幣である。だから、銭が流通していた具合をみることで、庶民経済がどのくらい発展していたかがわかる。

本書の結論をここで示す。

中世の日本では、政府（本書では、幕府など中央政府だけでなく、大名など地方の行政権力も指す）の統制に関係なく、人々が自律的に銭に関する秩序をつくりあげ、それをもとに近世の統一政権は貨幣制度をデザインした。

貨幣の秩序が政府の統制と関係なくできあがるというと、政府が貨幣を直接に発行したり、政府がいくばくなりとも管理する中央銀行が中央銀行券（日本であれば日本銀行券）を発行するシステムに慣れた現代の私たちには、妙な仕組みにみえるかもしれない。とはいえ、現代の常識はえてして歴史上の非常識だ。現代と違うシステムが私たちに教えてくれる歴史のダイナミズムを、これからみていこう。

銭不足から始まる「中世から近世へ」

さて本題の、銭の「中世から近世へ」である。

本書のタイトルは『撰銭とビタ一文の戦国史』だが、対象とする時期を少し広くとる。元《げん》との戦争があった一三世紀後半から、鎌倉幕府が滅び室町幕府が成立し南北朝の動乱があった一四世紀、室町幕府の盛期からいわゆる戦国の争乱に向かった一五世紀、信長と秀吉が政治統一を進めた一六世紀、そして江戸幕府が成立した一七世紀までとする。この間に銭をめぐってなにがあったのかを追いつつ、近世的なシステムができるまでの過程を語る。

日本史で近世への移行というと、普通は、織田信長による京都《きょうと》（現京都市）占領や、豊臣秀吉による国土の政治的統一、そして徳川家康による江戸幕府開設など、政権が交替したり新しく成立したことを象徴する事件を指標にすることが多い。貨幣についても、江戸幕府のもとでできあがる三貨制度をもって近世的なシステムができた、と語られることが多い。三貨と引き換えることができる、つまり兌換《だかん》できる紙幣（日本の現行の法律用語では政府が発行する紙製の貨幣を指し、銀行券を除くが、本書では紙でできた貨幣一般を指す概念用語として使う）の登場も、近世的な貨幣システムができたかどうかを示す指標に加えることもある。

しかしながら、銭を主人公として語る本書では視点を変え、日本の貨幣史における広義の近世の始まりを、一三世紀後半から一四世紀にかけての時期に設定する。なぜこの時期なのか。古代から途絶えていた銭の生産が、このときに民間で再び始まったからだ。

中世の日本で民間が銭をつくっていたことは、学校の教科書が「室町時代に品質の悪い貨幣を私造した」という文脈で記すものの、少なくとも筆者が経験した範囲では、重要な史実として授業で解説されるのを聴いたことはない。だが、実はここが、日本の貨幣史のなかでの大きな転回点だった。

中世の日本で、再び銭がつくられるようになるまでの経緯を確認しておこう［高木二〇一六］。古代の日本政府つまり朝廷は、平城京《へいじょうきょう》や平安京《へいあんきょう》などの建設やその他の事業を行うための財源として、和同開珎《わどうかいちん》などさまざまな銭を、七世紀から一〇世紀にかけて発行した。その後は民間が銭を中国から輸入し、それを貨幣として使った。輸入された銭に対し、日本政府は強制通用力（交換手段として通用する効力）を保証していない。にもかかわらず、現実として輸入銭は通用した。商品を売買するために人々が必要としたからだ。売買するために必要ならば、政府の統制に関係なく、人々は交換手段をつくりだす、という原則を裏づける史実である（後述）。

ただし、銭を輸入したが、貨幣に対する人々の需要をみたせなかった。記録によれば、一三世紀後半から一四世紀にかけて、米価や、銭建てでの不動産の名目価格が下がった（名目値とは実際の額面通りの値をいう。これに対して、実質値とは物価の変動分を除いて調整した値をいう）〔松延一九八九、高島／深尾／西谷二〇一七〕。古典的な貨幣数量説、すなわち物価と貨幣供給量は比例するという説によれば、銭が不足ぎみだったことになる。

このころ銭が不足していたことは、考古学的にもわかる。証拠の一つが一括出土銭である。

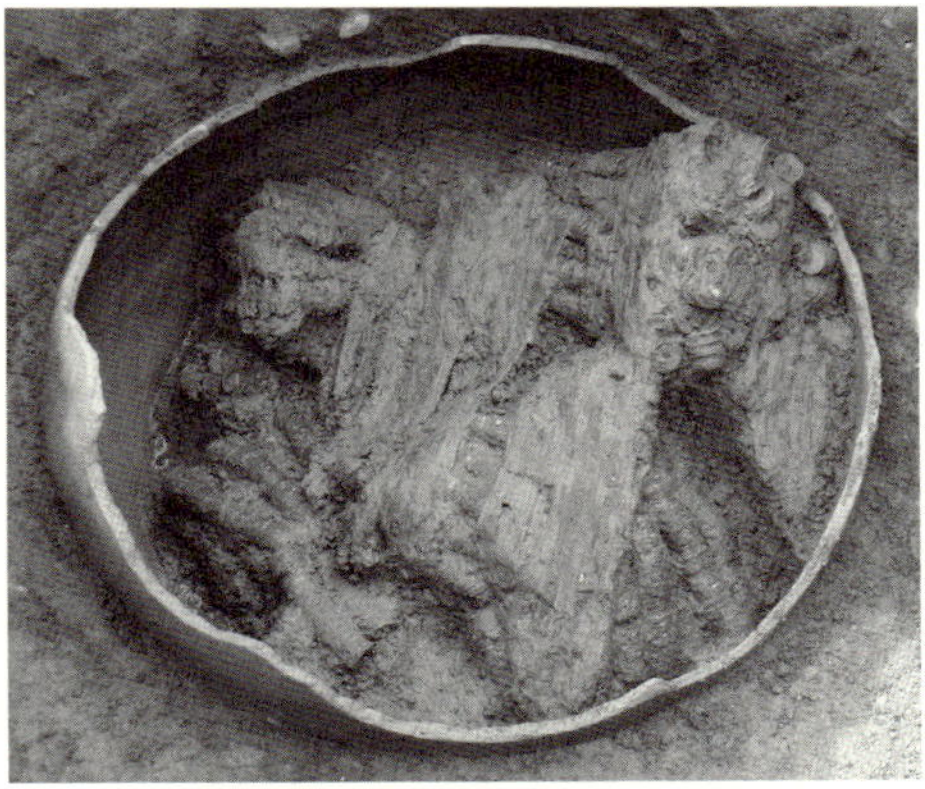

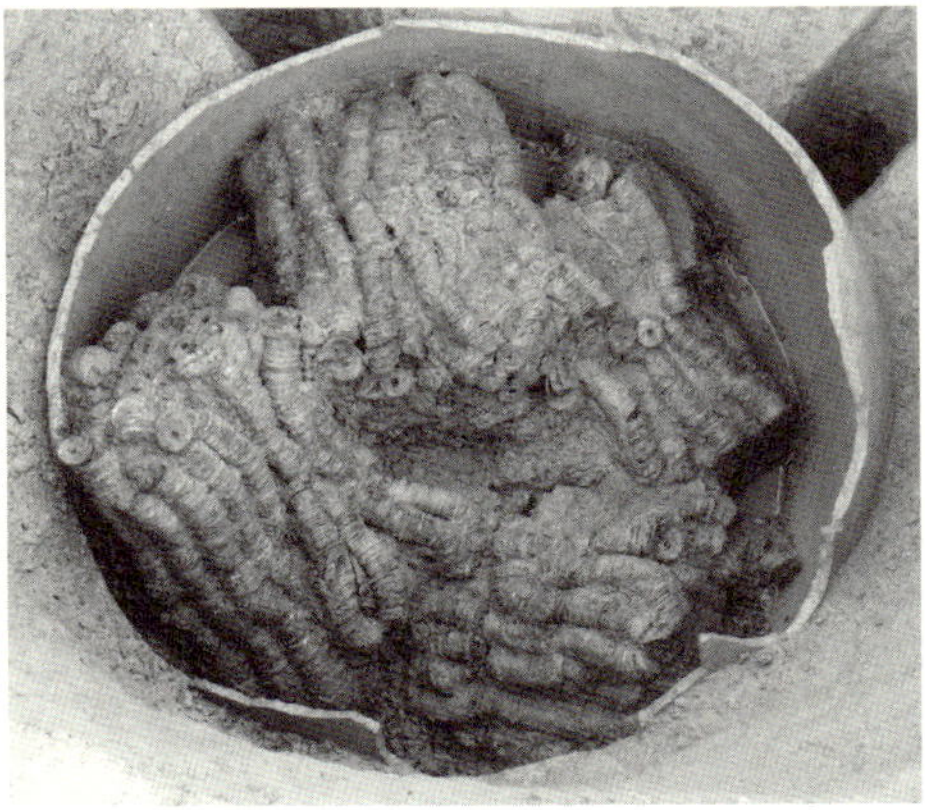

一括出土銭（岩国市中津居館跡出土、画像提供：岩国市教育委員会）
上／発見時の状態。薄い木質が銭貨上面を覆っている。
下／木質が取り除かれた状態。銭が４～５万枚あるとみられる。

銭を掘り出しているところ（『一遍聖絵』、14世紀、清浄光寺［遊行寺］蔵）

一括出土銭とは、一つの遺跡で、壺や甕などに入った銭が数十枚から一〇〇〇枚以上のまとまりで出土したものをいう［櫻木二〇〇九］。資産を蓄蔵するために埋められたらしい。同じような現象は、時期や地域を越えて、世界史的に存在する。日本では、一三世紀後半から一六世紀までの遺跡でしばしばみつかる。一四世紀第四四半期から一五世紀第一四半期は、埋められた銭の枚数がもっとも多い時期の一つである［鈴木公雄一九九九］。

銭がたくさん埋められたのは、銭がそれだけ多く流通していたからだ、と思うかもしれない。逆だ。流通する銭の量が少なくなれば、自分の手元にある銭も少なくなる。そして、銭がこれから手に入りそうにない、と人々は予測する。そうであれば、今は銭を使わないでおこう……と考えた結果、銭を埋める。銭の不足が今後さらに深まれば、現在手元にある銭の価値は上がるだろう。だから、今は使わずに貯めておこう……と考えた結果だった、とも解釈できる。こうして埋まったものが、時を超えて掘り出されたのが一括出土銭である。

一四世紀のとくに後半、銭が不足したことを示すもう一つの考古学的知見が、中世の日本における代表的な貿易都市である筑前国《ちくぜんのくに》博多《はかた》（現福岡県福岡市）でみつかる個別出土銭が一三世紀〜一四世紀前半のものより減ることだ［櫻木二〇〇九］。個別出土銭とは、一枚から数枚単位で出土した銭をいう。実際に流通していた銭が意図せず埋まってしまったものであり、埋まったころに銭の流通が活発になっていた度合いを反映する。個別出土銭の事例が減ることは銭の供給が減っていることを示す。

銭が不足した大きな原因は、日本で取引需要（財やサービスを買うための貨幣に対する需要）が増えたのに対し、一三世紀後半以降、日本と中国とが政治的に緊張し（例えば、元による日本派兵）、また双方ともに治安が悪化し、内乱が起きたため、日中貿易が低調になったこと、そして一四世紀後半に明《みん》政府が海禁《かいきん》、すなわち自国民が自由に国外へ渡航することを禁じた政策を実施したことにある。これらの事情が、日本に入ってくる銭の量を下押しし、銭を不足させた。

銭が再び生産される

銭が不足するなか、一三世紀後半から一四世紀ころにかけて、日本の民間の人々は再び銭をつくるようになった。どんな銭かというと、中国の銭の模造である。

これら模造銭のことを、研究者は私鋳銭《しちゆうせん》や模鋳銭《もちゆう》と呼ぶことが多い。「鋳」は金属を加工する数ある方法のなかでも鋳造《ちゆうぞう》、すなわち熱して溶かした金属を鋳型《いがた》に流し入れて成形することを意味する。つまり、金属を加工する方法のなかでも打造《だぞう》、すなわち金属の板を打ち抜く方法や、鍛造《たんぞう》、すなわち加重で圧縮して成形する方法でなく、ほかでもない鋳造でつくった、という意味を、私鋳銭や模鋳銭の語は含む。本書では、鋳造であるかどうかを論点としないことと、打造や鍛造かもしれない銭がある（後述）ことを踏まえ、加工方法を問わない概念である、模造《もぞう》の語を使う。

一三世紀後半から一四世紀にかけての日本で、銭を模造していたことを示す例をみてみよう。このころの京都で、鏡や仏具など金属製品をつくる職人が、みずからの工房で小規模かつ副業的に模造銭をつくっていたことを示す遺跡がみつかっている［櫻木二〇〇九］。

一四世紀の京都で銭が模造されていたことは、記録にもある。康永《こうえい》二年（一三四三）、京都で、銅細工をつくる職人が模造銭もつくっており、検非違使《けびいし》庁（朝廷の治安部局）がこれを摘発したことが、祇園《ぎおん》社（現八坂《やさか》神社）に関連する記録に残っている［桜井二〇一七］。

模造銭は日本の各地で流通した。一括出土銭のうち、一四世紀（とくに後半）のものから日本でつくった模造銭が混ざるようになる。

その銭が、中世の日本に模造されたものとなぜわかるのか。識別する基準はいくつかある［櫻木二〇一六］。

①小さい。粘土などにオリジナルの銭を押しつけてできた鋳型を使う（踏み返しという）ので、縮む。

②銅の含有率が高い。中世の日本では錫がほとんど採れなかった。そのため、日本でつくられた模造銭は銅が多く、錫が少ない。純銅に近い（銅九〇％以上）ことは、中国産の模造銭でないことを識別する基準になる（中国でも銭を模造していた。

輸入銭（左）と模造銭（右）との比較（福岡市埋蔵文化財センター蔵）

後述)。なお、日本産の銭はヒ素や鉄を含むことも多い。
③文字が不鮮明である。錫が少ないと、銭文《せんぶん》(銭に鋳出された文字)などのデザインがシャープにできあがらない。

原料となる銅は、ちょうどこのころ、日本で再び産出されるようになった[佐々木二〇〇九、橋本二〇一四a]。実は一〇世紀以来、日本では銅が採りにくくなっていた。鉱床のなかでも浅い層にあり、古代の技術でも製錬(還元)できる酸化銅を掘りつくしたのが、その一因だった。硫化銅は残っていたが、深い層にあり、かつ製錬が技術的に難しかった。しかし、一四世紀ごろに硫化銅を製錬しはじめる。中国から技術が伝わったと考えられている。その経緯を示す例が長登《ながのぼり》銅山(現山口県美祢市)である[池田二〇一五]。ここでは、古代に和同開珎など日本政府が銭の素材にした銅を採っていたが、一一世紀初めごろまでに稼働を停止し、一五世紀初めごろに再開したことが、考古学的にわかっている。

このように、一三世紀後半から一四世紀にかけての時期に入ると、民間が中国の銭を模造するようになった。だから、日本の遺跡で出土した銭が中国銭の銭文を持っていても、中国産とは限らない。

交換手段は誰がつくり出す？

民間が銭を模造したというと、「なんて奴らだ、偽造したのかよ」と眉をひそめる向きもあろう。しかしこれを、法的または倫理的に不適切という価値判断を含む「偽造」の語で表現するのは、あまり適切ではない。歴史をみると、政府やそれに準じる機関が貨幣を供給しないために民間が自律的につくりだす現象がしばしばある。その一つとして評価するべきだからだ。

政府の統制に関係なく、人々が交換手段を自律的につくった史実として、比較的最近の例が第二次世界大戦のときにある。収容所で捕虜たちが、必要な財やサービスを互いにやりとりするため、紙巻タバコを交換手段として使ったことが、兵士たちの経験談によく出てくる。フィクションだが、スティーブン・スピルバーグ監督の映画『太陽の帝国』（ワーナー・ブラザース、一九八七年）も、そうした場面を再現している。

タバコを交換手段として使うことは、もう少し大きいコミュニティでもあった。例えば、第二次世界大戦で連合国軍が占領した直後の沖縄で、アメリカ軍政府が従来の法貨（国法が強制通用力を与えた貨幣）の通用を停止したときに起きた。同じく、連合国軍が占領していたドイツでも起きている［川平二〇一一、黒田二〇一四、高木二〇一六］。

なぜ人々は、タバコを交換手段にしたのか。例えば、収容所内といえど、欲しい財やサービスは人によって異なるし、欲しい人がその財を持っているとは限らないし、別に欲しくない人がその財を持っている場合もある。そこで人々は交換を行おうと思い、そのため、交換手段をつくることを申し合わせる。しかし、収容所にある財は、種類にも数にも限りがある。収容所にある財のなかで、交換手段に適しているものを探した結果、供給量がそこそこあり（配給されうる）、計数性がある（価値を計るときに一本二本と数えるだけで済む。質量などをいちいち測らなくてよい）、タバコを使うことにした。商品そのものとしても需要がある（捕虜や占領下の庶民にとって、数少ない娯楽消費財である）ことも考慮したかもしれない。

このエピソードから、次のことがいえる。交換手段をつくりだす目的は、交換を実現することにある。商品への需要が交換手段をつくりだすともいえる。交換手段そのものに商品としての価値があるかどうかは二の次である。極端な話、売買を円滑化する媒体に適していれば、素材はなんでもよい。ビットコインなどの暗号通貨（仮想通貨とも）が近年の最たる例だ。暗号通貨の実体は、要は電子データであり、それ以外の使用価値はない。

その交換手段に国法が強制通用力を与えているかどうかということも、人々がそれを使うかどうかを判断するときの基準の一つにすぎない。むしろ、人々がつくりだした交換手段を政府が追認するのが貨幣の歴史だ。日本で一三世紀後半から後に民間がつくった模造銭が流通したことや、それ以前から輸入銭が通用していたことがそうだし、信長・秀吉・家康の政策もそうだし（第三章で再論）、暗号通貨が現在進行中の例だ。これらの史実は、ここまで述べた論理を知っておくと理解しやすい（この問題については［鎮目二〇一七］も参照されたい）。

このように、一三世紀後半から一四世紀にかけての日本では、民間が銭をつくるようになり、その銭は、政府が強制通用力を与えていなかったにもかかわらず、貨幣として通用した。先に述べた、京都で銭を模造した銅細工職人が政府に摘発された話も、単なる通貨偽造事件ではなく、日本でつくられた模造銭が流通する時代が始まったことを象徴するものとして、研究者は評価している［桜井二〇一七］。

後醍醐天皇、未完の造幣計画

銭を発行しようとする動きは、民間だけでなく、政府にもあった。後醍醐《ごだいご》天皇である。新政下の建武《けんむ》元年（一三三四）、乾坤通宝《けんこんつうほう》という銭文の銅銭と、「紙銭《しせん》」すなわち政府紙幣を発行することを布告したことを、軍記物語『太平記《たいへいき》』などが記している。一〇世紀以来の、日本政府による造幣計画だった。

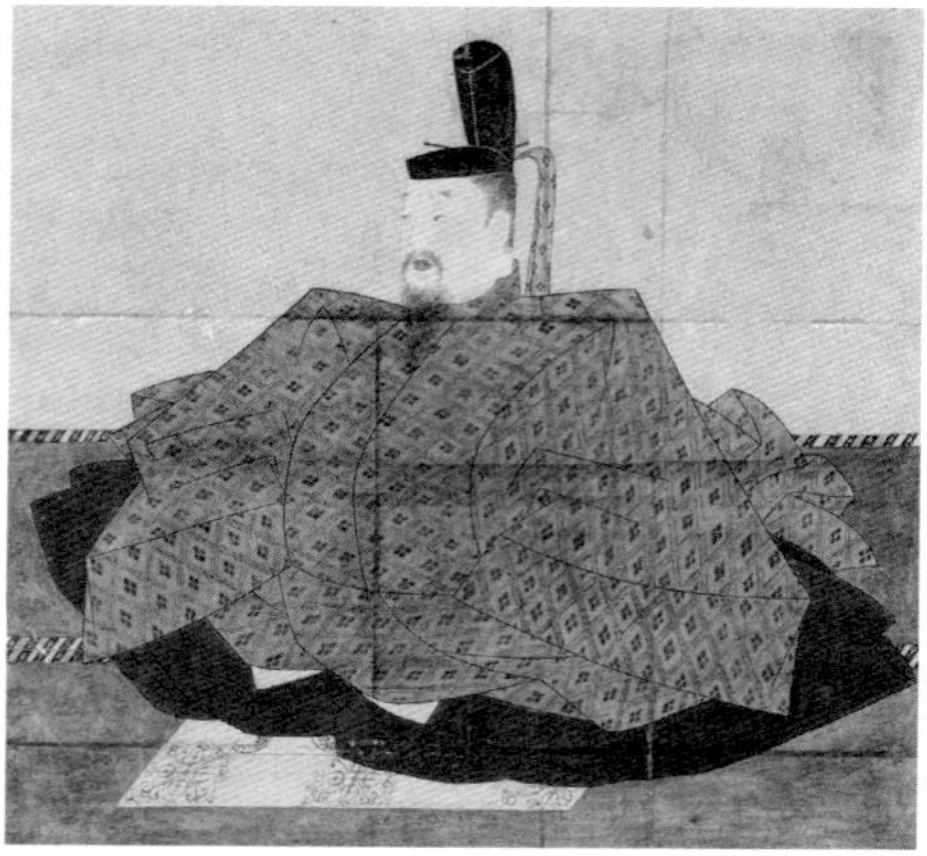
後醍醐天皇像（東京大学史料編纂所所蔵模写）

発行する主な目的は、大内裏《だいだいり》（天皇の居所と官庁の区画）を建設する費用をひねり出すことにあった。あくまで政府の財政的な都合によるもので、発行の理由は古代の日本政府と同じだった〔桜井二〇〇二〕。現実に銭が不足しているので、みずからが発行する銭と紙幣を人々は受け入れるだろう、というもくろみも後醍醐は持っていた、と筆者は妄想している。なお、新政が早々に崩壊した（延元《えんげん》元年〔一三三六〕、後醍醐京都退去）ため、計画は未遂に終わった。

ちなみに一三世紀以来、中国の元は銭と紙幣を発行していたし、一四世紀末から一五世紀にかけて、朝鮮《ちょうせん》王朝とベトナムの王朝も銭と紙幣を発行し、一五世紀には琉球《りゅうきゅう》（現沖縄県）も銭を発行した。つまり、銭と紙幣をともに使う試みは、このころの東アジアで共時的だった。中国の周辺諸国が独自に貨幣を発行したのは、中国から輸入する銭が不足したからだった〔櫻木二〇一六、桜井二〇一七〕。後醍醐が貨幣を発行しようとしたのも、東アジア全体で起きていた銭の不足に対応しようとした動きの一つだった。

政府が貨幣を発行しようとしたところは、貨幣政策の歴史という面でも近世に近づいている。近世日本の貨幣システムへの踏み出されなかった一歩だった。

室町時代も模造銭がつくり続けられる

日本で民間がつくった模造銭に話を戻す。一五世紀や一六世紀、すなわち室町幕府の盛期から戦国時代にかけての時期にも、模造銭はつくり続けられた。このころ、例えば相模《さがみ》国鎌《かま》倉《くら》（現神奈川県鎌倉市）や博多でも模造銭がつくられていたことが、考古学的にわかっている。また、日本産の模造銭は、一五世紀には生産が安定したと語る研究者もいる［櫻木二〇〇九、桜井二〇一七］。

背景には、あい変わらずの銭不足がある。そのことは、一括出土銭の埋められた数が一五世紀、とくにその第四四半期にピークを再び迎える［鈴木公雄一九九九］ことからわかる。銭は今後も足りなくなるだろうと予想して、人々は仕舞いこんだわけだ。

一六世紀に入っても、銭は不足した。一六世紀前半、甲斐《かい》国（現山梨県）のとある法華《ほっけ》宗寺院の僧は「銭飢《けかち》渇」が頻発したことを記している［川戸二〇〇八］。つまり、銭が不足して

模造銭の鋳型（石製、博多遺跡群出土、福岡市埋蔵文化財センター蔵）

いたことを、銭の飢え・渇きと表現している。銭建てでの名目物価をみても、一六世紀のとくに前半は下がる傾向にあった［高島／深尾／西谷二〇一七］。

考古学的知見をみても、博多にある一六世紀前半の遺跡では、個別出土銭の例が一五世紀後半のそれよりも少ない。つまり、銭の流通が不活発になっていた［櫻木二〇〇九］。

そんななか、一五世紀以来、好都合にも日本で銅の産出が増えていたことが、銭の生産を促した。また、銭を量産する技術を革新する試みもあった。中世において、銭の鋳型は粘土でつくるのが普通だったが、一五世紀の博多の遺跡からは石でつくった鋳型が出土している。これは実用には至らなかったらしいが、複数回使うことが想定されている。銭を量産することで、一生産単位あたりの製造原価を下げようとしたらしい［櫻木二〇〇九、中島圭一二〇一八］。

また、茨城県東海村で、一六世紀につくられた模造永楽《えいらく》通宝（明銭《みんせん》＝明政府が発行した銭の一つ）の未成品が出土している。製造者は不詳だが、誰かが模造銭をつくっていたわけだ。

ヒントとなるかもしれない記録がある。鳴海《なるみ》家という、江戸時代に寛永《かんえい》通宝の製造に携わった家がその由緒を書き残している。いわく、同家は一五世紀前半、四代室町将軍である足《あし》利義持《かがよしもち》の命令で永楽通宝を模造し、その後は会津《あいづ》（現福島県会津若松市）、江戸崎《えどさき》（現茨城県稲敷市）、水戸《みと》（現茨城県水戸市）へと移り、最終的に江戸《えど》（現東京都）に出て寛永通宝の製造に従事した、という。東海村で出土した模造永楽通宝が鳴海家でつくられたものかどうかは不明だが、鳴海家の伝えは、常陸《ひたち》国（現茨城県）でこのころ模造銭がつくられていたことを反映している［櫻木二〇〇九、橋本二〇一一］。

民間が模造した銭が、一五〜一六世紀、実際に流通していたことも考古学的にわかっている［櫻木二〇〇九］。九州南部や東北北部の一五世紀以降の遺跡では、一括出土銭のうちに日本産の模造銭の数が目立つ。つまり模造銭が価値蓄蔵手段（貨幣そのものを資産として蓄蔵すること）として使われていた。

永楽通宝の枝銭（東海村村松白根遺跡出土、画像提供：茨城県教育財団）

一五世紀末から一六世紀にかけて、室町幕府や大名など地方政府が定めた法は、日本産であることを意味する銭の名を記している［高木二〇一七］。「日本新鋳料《しんちゅうりょう》

足利義持像（東京大学史料編纂所所蔵模写）

足《そく》」（料足とは銭のこと）、「日本せに（銭）」といった「日本」の語を冠する銭、「地銭《じぜに》」「地悪銭《じあくせん》」といった、外国産ではなく日本産であることをおそらく示す「地」の語を冠する銭、「京銭《きんせん》」（日本でつくられた銭のうち、無文銭《むもんせん》［文字がない銭。後述］と破銭《われぜに》［破損銭］以外を指すらしい）、「今銭《きんせん?》」や「新銭《しんせん》」といった、そのころ up-to-date で、おそらくは日本でつくられた銭などの名がみえる。法以外の記録では、一五四〇年代の豊後国で、「和銭《わせん》」という、和すなわち日本産であることを示す名を持つ銭を使ったことも確認できる。これら日本でつくられた銭が流通していたというわけだ。

室町幕府や地方政府は、日本産の銭を使うことをしばしば禁じるか、または制限した。例えば、永正《えいしょう》九年（一五一二）、室町幕府は「地せにの内よき永楽」すなわち「地銭」のなかでも良質な模造永楽通宝については通用を許した。政府が通用を規制したのは、流通する銭のなかで、日本でつくられたものが目立っていたからこそだ。また、このころの人々は、その銭が日本産であるかどうか、わかっていたことになる。先に述べたような識別基準を持っていたのだろう。

一六世紀には、地方政府が銭の生産に関わることもあったらしい［本多二〇〇六］。例えば、一六世紀後半から一七世紀半ばに、九州南部を領有した大名である島津《しまづ》氏が、領域のなかにある大隅《おおすみ》国加治木《かじき》（現鹿児島県姶良市）で模造銭をつくらせた、との伝えがある。

実際、それらしい洪武《こうぶ》通宝（明銭の一つ）が鹿児島県内で出土し、またそれ以外の日本各地にも伝来している。背面に「加」「治」「木」のいずれかの字があるものが多い（出土した例は「治」のみ）が、産地である加治木を指すという。これらの銭を研究者たちは加治木《かじき》銭《せん》と呼んでいる。

そして近年、加治木銭の製造地の特定に一歩近づいた。姶良市内にある、製造地と推定されていた地点を発掘

加治木銭★（背面）

洪武通宝★

加治木銭製造比定地（姶良市、著者撮影）

調査したところ、坩堝《るつぼ》、すなわち金属を高温で熱して溶かすための容器など、銭づくりにかかわる遺物がみつかった［櫻木二〇一六］。製造の実態がいよいよ明らかになりつつある。

日本独自の銭、無文銭が登場

ここまで、中世日本の模造銭について語ってきたが、一五世紀には、中国銭の模造でさえない銭もつくられたことが、考古学的にわかっている。円形で孔はあるが、両面ともに文字やデザインがない、単なる金属タブレットである。中央の孔の周り（郭）や外輪の盛り上がり（輪）がなく、直径も小さい。鋳造したものだけでなく、打造・鍛造でつくったものもあるらしい。記録は「打平《うちひらめ》」などと表現している。研究者は無文銭と呼んでいる［櫻木二〇〇九、櫻木二〇一六］。

無文銭がつくられた背景にも、銭の不足がある。銭の形をしたものであればなんでもよい、と人々は考えるようになり、それならば無文の銭でもいいではないか、ということになったらしい。

無文銭は、製品検査で銭文のでき具合が問題にならないので、工程を減らせる。だから、製造原価を下げることができる。一五世紀の日本社会で、粗製化を伴う工業製品の量産化が起こったとする説（一五世紀生産革命説［中島圭一二〇一八］）があるが、その例の一つといえるかもしれない。

一方、無文銭がつくられたのは、錫が日本で採れなかったことも関係している。先に述べたとおり、錫が少なく銅が多い銭は、文字がはっきり出にくくなる。それならば、無文でもいいではないか、という理屈だ。

無文銭（博多遺跡群出土、福岡市埋蔵文化財センター蔵）

中国銭の銭文がなくても通用したということは、中国銭の銭文を持つこと自体、このころの日本の人々にとって、その銭を受け取るかどうかを判断する十分条件ではなくなっていたことを意味する。中国と関係のない日本独自の銭［中島圭一一九九七］という点では、江戸幕府がつくった寛永通宝の遠い先祖だったといえる。ただし、日本で錫が採れないため、素材の供給に難があったという事情から導かれる結果論ではあるが。

無文銭をつくっていた地域の代表が、和泉《いずみ》国堺《さかい》（現堺市）である。一五世紀末から一七世紀初めにかけて

無文銭と鋳型（堺環濠都市遺跡出土、画像提供：堺市文化財課）

の代表的な貿易港だが、工業都市でもあった。ここでは模造銭に加え、無文銭の未成品や鋳型などが出土している［櫻木二〇〇九］。一六世紀半ばから後半、つまり信長・秀吉の時代の話だが、商人が職人を雇って模造銭や無文銭をつくらせていたらしい。出土した銭の鋳型のうち、約八五％が無文銭である。それ以外にも、北宋《ほくそう》政府が発行した皇宋《こうそう》通宝など一括出土銭に多い銭種、つまり資産を蓄蔵するために使うものが主である。このころの人々が好んだ銭種を模造していたわけだ。

一四～一五世紀に日本でつくられた銭は、金工品を手掛ける民間業者が自らの工房で副業的に生産されていた（先述）。これに対して一六世紀の堺では、企業主が所有する工場で技術者を雇い、専業的に銭を生産していたようだ。つまり、生産のシステムに違いがあった。

無文銭は、一六世紀の東北北部・山陰・安芸《あき》国（現広島県）・九州で主に流通したことが考古学的にわかっている［櫻木二〇〇九］。ただし、あくまで特定の地域内での売買でのみ通用したらしい。遠隔地交易での交換手段や価値蓄蔵手段には、銭文がある銭すなわち有文銭が主に使われた。

一五世紀末から一七世紀初めの中央政府と地方政府は、ともにおおむね、無文銭を使うことを禁じた［高木二〇一七］。具体的には、大内氏《おおうち》（周防《すおう》国［現山口県］を本拠とする）、室町幕府、興福寺《こうふくじ》（単なる一寺院でなく大和《やまと》国［現奈良県］の守護《しゅご》すなわち行政官でもある）、後北条《ごほうじょう》氏（相模国を本拠とする）、浅井《あざい》長政《ながまさ》（近江《おうみ》国［現滋賀県］を本拠とする）、秀吉が、無文銭を使うことを禁じる法を定めた（第二章・第三章で再論）。

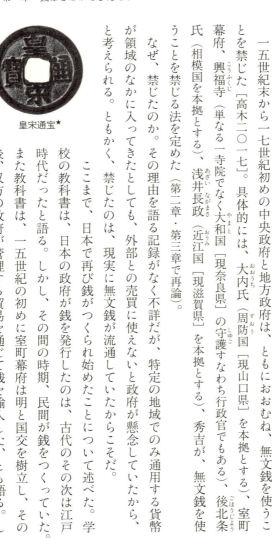

なぜ、禁じたのか。その理由を語る記録がなく不詳だが、特定の地域でのみ通用する貨幣が領域のなかに入ってきたとしても、外部との売買に使えないと政府が懸念していたから、と考えられる。ともかく、禁じたのは、現実に無文銭が流通していたからこそだ。

皇宋通宝★

ここまで、日本で再び銭がつくられ始めたことについて述べた。学校の教科書は、日本の政府が銭を発行したのは、古代のその次は江戸時代だったと語る。しかし、その間の時期、民間が銭をつくっていた。また教科書は、一五世紀の初めに室町幕府は明と国交を樹立し、その後、双方の政府が管理する貿易を通じて銭を輸入した、とも語る。しかし、それより早い一三世紀後半から一四世紀にかけての時期に、日本の民間は銭をつくり始め、その後もつくり続けた。このことはもっと知られてよい。

室町幕府による銭の輸入量は小さい

それでは、教科書も記している、室町時代における銭輸入とはどのようなものだったのか［川戸二〇一七］。

繰り返しになるが、学校の教科書には、三代室町将軍だった足利義満《よしみつ》が明と国交を樹立し、双方の政府が管理する貿易（いわゆる勘合貿易）を始め、これにより輸入した銭を貨幣として使った、とある。

このころ日本で流通した銭は、明政府が発行した銭の銭文を持つ銭より、明より前の王朝が発行した銭の銭文を持つ銭が多い［鈴木公雄一九九九］。また、日本でみつかった一括出土銭は、さまざまな種類の銭で構成されている。内訳をみると、約七七％が北宋政府が発行した銭の銭文（「皇宋通宝」「元豊通宝《げんぽう》」「熙寧元宝《きねいげんぽう》」など）を持つ。次いで、明（約七％）・唐《とう》・南宋《なんそう》政府が発行した銭の銭文を持つ銭が続く。その他の中国の王朝や、朝鮮など中国以外のアジア東部の諸政府が発行した銭の銭文を持つ銭もあるが、少ない。

北宋政府が発行した銭の銭文を持つ銭が圧倒的多数であるのは、中国では前の王朝が発行した銭がその後の王朝の時代でも流通し、かつ北宋は中国史のなかでもっとも多く銭を発行した王朝の一つだったからだ。そのため、北宋が滅んだ後も日本に入ってきた銭の多くは、北宋政府が発行した銭の銭文を持つ銭が占めた。

なお、ここまで「北宋政府が発行した銭の銭文を持つ銭」といった、まわりくどい表現を使ってきた。実は中国では、政府が発行した銭（制銭《せいせん》）に加え、私造銭（模造銭）も多くつくられていた。どういうことかというと、明政府は銀を基軸貨幣に使った。銀は単位質量あたりの価値が相対的に高い。だから、銀が貨幣として広まると、おつりや日常の売買に使う、銀よりも小額の貨幣、つまり銭への需要も増える。とくに、北京とその周辺には軍隊が駐留していた。政府は兵たちへの給与を銀で支払っていた。兵たちが買う日常物資は価格が小さいので、銀を銭に両替してから買う。そうした理由で、銭への需要が高まった。しかし、明政府は銭をあまり供給していない。また、一三世紀に北宋銭は、中国から周辺地域へと大量に流出していた。だから、それ以後の中国国内には、北宋政府がつくった制銭があまり残っていなかったらしい〔桜井二〇一七〕。

元豊通宝★

そこで、民間が北宋など旧王朝の銭を模造した。そういうわけで、中国から輸入された銭は、中国政府が発行した以外の銭も含んでいた。日本で出土する、中国の歴代王朝が発行した銭の銭文を持つ銭は、中国でつくられた制銭と日本でつくられた模造銭に加え、中国でつくられた模造銭が含まれている［黒田二〇一四］。つまり、中世の日本で流通した銭には、内外でつくられた模造銭も混ざっていた。

足利義満像（東京大学史料編纂所所蔵模写）

さて、かつての説は、日本側で勘合（正規の外交使節であることを示す身分証明書。貿易許可書の機能も持つ）を持つのが室町将軍家であるため、勘合貿易の主体であった室町幕府が輸入銭を日本で独占的に供給し、そのことは室町幕府が貨幣発行権を事実上独占したことを意味した、と評価してきた。

しかしこの説は、勘合貿易で輸入した銭の量を過大に評価している。義満が政治を主導した一四〇〇年代の初めこそ、毎年のように明へ使節を派遣したが、一四三〇年代以降、派遣は約一〇年ごとになり、間があく。しかも、派遣したが銭が輸入されないときもあった（後述)。

義満政権のときに勘合貿易で輸入した銭の額をみても、たいしたことはない。推計によれば、義満政権の時期に計二〇～三〇万貫文《かん》（一貫文＝一〇〇〇文）の銭を輸入したらしい。義満が貿易に積極的だったのは、内裏《だいり》（天皇の居所）や、義満の邸宅である北山殿《きたやまどの》（現鹿苑寺金閣《ろくおんじきんかく》）を建設するための財源を調達するためだった。北山殿の建設事業の費用は一〇〇万貫文だったから、勘合貿易で得た銭だけでは足らない。このことが象徴するように、室町時代に輸入された銭の量のうち、勘合貿易が占める比率はさほど大きくなかった。

財源を調達すること、それが室町幕府が銭を輸入する目的だったと述べたが、銭の輸入は財源の一つにすぎず、必ずしも主ではなかった。むしろ、生糸や陶磁器などの美術工芸品（唐物《からもの》という）こそが、勘合貿易での主な輸入品だったらしい。義満政権の時期に顕著だが、彼が唐物を好んだことが背景の一つにある。

銭の輸入チャネルはさまざま

銭の輸入量に占める勘合貿易の比を過大視できないとして、それでは、銭を輸入するチャネルには、ほかにどのようなものがあったのか。

足利義教像（東京大学史料編纂所所蔵模写）

まず、朝鮮や琉球との政府間ルートがある［橋本一九九八、関二〇一五］。朝鮮に関しては、例えば、六代室町将軍である足利義教《よしのり》や大内氏（貿易港である博多を領有する）が、寺院を建設するにあたって助成をしてほしいと、銭を輸出するよう朝鮮政府へ求めた。朝鮮王朝は朝鮮通宝という独自の銭を発行しており、これを輸出した。考古学的知見によると、九州の一括出土銭が含む朝鮮通宝の比率は全国平均よりやや高い。地理的に朝鮮半島に近いからだ［櫻木二〇〇九］。琉球に関しては、例えば、琉球国王が足利義教へ銭を贈与している。

もう一つが、密貿易である。統計を示す記録はないものの、むしろこれこそが銭を輸入するチャネルの中心だったらしい［黒田二〇一四］。日本と明との間では、政府が管理しない貿易もあったが、これは明政府にとって密貿易だった。密貿易は日本と明とが国交を樹立する前から行われていて［橋本二〇一一］、その後も続いた。これら、政府が管理しない貿易による銭輸入の比率を大きくみるべきであるので、近年の研究は、室町幕府が貨幣発行権を事実上独占していたと語るかつての説を否定している。

室町幕府は銭を輸入したが、結果的に、みずからは発行しなかった。なぜなのか。理由を語る記録がなく不詳なのだが、必要がなかったから、というのが有力な説だ［桜井二〇一三］。封建制度は臣下に地方支配を任せるので分権的であり、中央政府の行政費は相対的に小さい。また、国土の周りが海なので、大陸の諸国に比べて国防費が少なく済んだ。その国防も、地方に領地を持つ武士に実質的に委ねていた（一三世紀の対モンゴル戦争を思い出していただきたい）。つまり、国防費を地方政府へ転嫁していた。室町幕府自身の財政を補塡するにしても、みずから銭を発行するのと、銅などを輸出して銭を輸入するのとであれば、後者の方が費用的に有利だったようだ。だから、銭をつくる動機が働かなかった。

そもそも輸入銭は潤沢だったのか

ここまで述べたように、一五世紀における勘合貿易による輸入銭のシェアは過大視するべきでなく、一五世紀から一六世紀にかけては、銭が不足している状況だった。だから、勘合貿易以外による輸入分を含めても、このころ輸入した銭の総量を過大に評価できない。

なぜ、輸入量は不十分だったのか。まず、供給する側である中国の事情をみてみよう［宮澤二〇〇七、足立二〇一二]。

実は、そもそも明政府が発行した銭の量はさほど多くない。明政府は、一四三六年から始まる正統帝《せいとうてい》の時代から銭を発行しなくなり、一五〇三年に久々に発行する(弘治通宝《こうじつうほう》)ものの、再び発行を停止し、一五二七年の嘉靖《かせい》通宝から後、銭を恒常的に発行するようになるが、一五七六年に万暦《ばんれき》通宝が登場するまでの発行量は少ない。先に述べたが、日本で流通した銭のうち、明銭が占める率が低い理由の一つがこれだ。明代前半に政府があまり銭を発行しなかったのは、貨幣でなく実物で財政を運営しようとする方針があったからであり、また、明が成立した当初は基軸貨幣に紙幣を使い、紙幣が機能しなくなる一五世紀半ば以降は銀を使った(納税や官僚給与の支払いなど)からだ。ちなみに、一六世紀に再び銭を発行し始めたのは、銀財政化が完了したことによる。

明政府は、銭を発行したとしても、国内の反乱に伴う戦費などのため、財政にゆとりがなく、貿易に消極的になっていた。そのため明は、政府が管理する貿易の額を抑え、回数も制限した[橋本二〇一四b]。一四六〇~八〇年代に日本が派遣した使節に対し、銭を輸出することをほとんど拒否した[川戸二〇一七]。

朝鮮や琉球からの輸入も思わしくなかった[中島楽章二〇一二、関二〇一五]。一四六〇年代以降には、日明だけでなく日朝や日琉の政府間ルートでの銭輸入がなくなるか、急激に減った。朝鮮では銭が日本へ流出したために不足した。朝鮮政府は日本への銭の輸出を拒むようになった。

一六世紀前半に入ると、政府が管理する貿易が、さらに低調になった。一五一〇年の三浦《さんぽ》の乱（富山浦《ふざんぽ》〔現大韓民国釜山市〕などの日本人居留民が、朝鮮政府が貿易統制を強めようとしたことに反発して起こした暴動）、一五二三年の寧波《にんぽう》の乱（勘合貿易の受入港だった寧波で日本人が貿易をめぐって起こした暴動）が日朝や日明政府間の関係を冷え込ませたのが背景の一つにある。

次に、銭を需要する側である日本の事情をみてみよう。先にも述べたが、勘合貿易での輸入品は唐物が主だった。だから、勘合貿易で輸入した銭の量は相対的に少なかったらしい。

唐物を好んだのに対して、銭そのものの輸入量がさほどでなかったことは、このころの貿易品の価格からも説明できる。一五世紀から一六世紀初めは中国の基軸貨幣である銀ベースで、日本より中国のほうが銭高の傾向にあった。そのため日本からすると、銭よりも、生糸など銭以外の商品を輸入するほうが、利益率が高かったらしい〔中島楽章二〇一二〕。

このことは、日本が輸出する商品の一つだった金ベースでもいえる〔脇田一九九二〕。一五世紀の中国では金安・銭高の傾向にあった。だから、日本が金を輸出して銭を輸入すると不利になる。こういった貿易条件が、銭の輸入量を下押しした。

逆に、日本が銭を輸出するようになった［橋本一九九八、中島楽章二〇一二］。島津氏関係の記録をみるに、文明《ぶんめい》三年（一四七一）ごろ、堺から琉球へ銭を輸出していた。また、一五三四年に中国が琉球へ派遣した外交使節が、日本でつくられた無文銭が琉球で流通していたことを記録している。これらは先にも触れた、堺でつくられていた模造銭・無文銭かもしれない。日本から琉球に輸出した銭が、琉球から中国などへ再輸出されることもあったらしい［川戸二〇一七］。日本からすれば、国内で不足しているのだから輸出しなければいいのに、とも思うが、そこは商売の論理である。中国が銭高傾向だったから、ありうる話だ。

なお、日本の政府が銭の輸出を規制することもあった。天文《てんぶん》一六年（一五四七）、大内氏は、明へ外交・貿易の使節を派遣するにあたり、銭を持ち出すことを禁じた［本多二〇〇六］。銭の不足が領域のなかで問題になり、歯止めをかけようとしたらしい。

ここまでをまとめるに、室町時代の全体としては、密貿易や日明間以外の貿易を含めても、輸入した銭の量は貨幣に対する人々の需要をみたすことができなかった。一五世紀、室町幕府によって銭が大量に輸入されたという、教科書が語るイメージは修正しなければならないし、場合によっては輸出さえしていたことも、もっと知られるべきだ。

九七枚で一〇〇文か、一〇〇枚で一〇〇文か

銭が不足したことに人々はさまざまな方法で対応した。その一つが省陌《せいはく》という慣行である。一〇〇枚未満の銭を一〇〇文の価値があるものとみなすことをいう。

緡銭（福山市草戸千軒町遺跡出土、画像提供：広島県立歴史博物館）

　省陌は、銭の孔にひもを通してまとめている場合に適用された。近代より前の日本では、多くの銭を受け渡しするときに、バラでなく、銭にひもを通してまとめていた。銭をひもで通してまとめた集合体を、緡銭《さしぜに》という。

　日本では、八世紀から中世まで、原則として銭九七枚をつないだ緡銭を一〇〇文として扱った［櫻木二〇〇九］。一六世紀には九六枚で一〇〇文とみなし始め、一七世紀初めにはそれが全国で通用するようになる。九六枚に変わった理由は不詳だが、九七と違って約数が多いので便利だから、との説が有力だ。なお省陌は、一〇〇文とし

緡銭と布とを交換しようとする人（『一遍聖絵』、14世紀、清浄光寺［遊行寺］蔵）

て扱う枚数は違えど、中国やベトナムにもあった。つまり、日本独自の慣行ではない。

省陌は、銭が不足するなかで売買を成立させるために、銭を節約する方法だった。銭は小額貨幣であり、高額の売買には不便なので（重くてかさばる）、高額の売買を簡単に行えるようにすることを優先し、銭そのものの数は額面に満たないものでも高額貨幣のごとく扱うようになったらしい［黒田二〇一四］。

なお、省陌を行わない地域もあった［石井一九九二］。尋尊《じんそん》という、興福寺にいたある僧が、その日記に書き残している。文明一二年（一四八〇）の記事をみると、赤間関《あかまがせき》（現山口県下関市）より東側つまり本州は銭九七枚で一〇〇文とし、それより西側つまり九州は銭一〇〇枚で一〇〇文としていた（調陌《ちょうはく》という）、とある。

時期は下るが、江戸時代の記録によると、土佐国《とさ》（現高知県）・長門国《ながと》（現山口県）で八〇文省陌、伊予国《いよ》（現愛媛県）で七五文または七二文省陌、九州は調陌、東北北部では調陌または銭一二〇枚で一〇〇文とする逆省陌慣行があったという。

調陌の慣行は、現代の私たちにとって、常識的な使いかたと思えるが、この慣行が九州と東北北部にあったことは、考古学的にもわかっている。福岡県太宰府市で、一三世紀後半のものらしい、銭一〇〇枚で構成する緡銭が出土している［高橋二〇一二］。また、浪岡《なみおか》城（現青森市）の跡から出土した緡銭は、調陌のものがもっとも多い［大石二〇〇一］。

九州や東北北部で調陌または逆省陌を行ったのは、本州と異なり、銭が相対的に潤沢だったからだろう。その理由を、東北北部については中世における当地の貿易環境から説明できると筆者は考えている。当地は蝦夷地《えぞち》（現北海道）と日本との間の貿易を媒介していた。日本側は鷲など鳥類の羽、ラッコなどの毛皮、干鮭、昆布などを、津軽海峡の両岸にいた商業従事者を通じて輸入した。蝦夷地側は鉄器や米などを輸入した。全体的にみれば、津軽海峡の地域にとっては移出超過（移出額＞移入額）だったが、中世アイヌは銭を貨幣として使わなかった。これらのため、本州中央部から東北北部ならびに津軽海峡のあたりへ、当地の商品を仕入れる対価として銭が入ってくるものの、本州中央部に還流したり蝦夷地の奥へ出ていくことなく、当地に留まった……このように推測している。

先述したように、東北の一括出土銭は日本産の模造銭をしばしば多く含む。日本側の商人が、本州中央部が敬遠した模造銭を貿易の対価として当地へ押しつけた結果かもしれない。

これに関連するエピソードがある。安藤康季《あんどうやすすえ》という、一五世紀に津軽海峡あたりを領有し、蝦夷地と日本との間の貿易に関わった人物がいる。康季は応永《おうえい》三〇年（一四二三）、五代室町将軍である足利義量《よしかず》にラッコの毛皮や昆布などとともに、銭二万疋《ひき》（一疋＝一〇文）を献上したことが、江戸時代に松前藩《まつまえ》（現北海道南部）の藩主であった松前家が一七世紀前半に編纂した年代記にある。この銭を、沿海州やサハリンなど蝦夷地の北方から輸入されたものと解釈する説があるが、筆者は、日本との貿易により津軽海峡あたりに留まっていた、つまり、だぶついていた銭が本州中央部へ戻ってきた現象と解釈している。

銭がなければ、紙片でまかなう

銭を節約する方法は省陌だけではなかった。そもそも、銭を使わずに売買を成立させる方法が登場した。

その一つが、紙媒体を交換手段として使うことだった。紙幣が生まれるもとといってもよい［桜井二〇〇二、高木二〇一〇、高木二〇一七］。

紙媒体を交換手段のように使うこと自体、実はすでに平安時代にあった。一〇世紀後半に成立した物語文学『うつほ物語』にこんな話がある……藤原季英《ふじわらのすえふさ》という、大学（古代にも大学はあった。国立で、官僚の養成を主な目的とした）で学ぶ苦学生がいた。彼は寄宿舎で、毎日一回「短籍《たんざく》」（短冊）を出して一杯の飯を食べていた……。

短冊、つまり縦長で長方形の紙片を、教育施設で食券として使っていたことがわかる。いいかえれば、紙媒体を食事との交換手段に使っていたわけだ。

また、一〇世紀末ごろ成立した随筆『枕草子《まくらのそうし》』には次のような話がある……火事で焼け出された身分の低い男が、清少納言《せいしょうなごん》（枕草子の作者）や女官たちがいるところへ救済を求めにきた。清少納言は火事のことを遠回しにからかう歌を短冊に書き、男に渡した。男は、「これはなんの短冊ですか、なにか物をいくらかいただけるのですか」と問うた。女官たちは「読めばわかるわよ」といって笑った……。

和歌が書いてある紙片を、なんらかの財と交換できるものと勘違いした男の無知を嘲《あざけ》る、教養エリートならではの差別意識がうかがえるエピソードだ。

このエピソードは、縦長の長方形の紙片といえば、なんらかの財と交換できる証券であることを、文字を読めず、和歌を理解する能力を持たない人でも知っていたことを示している。いいかえれば、せせら笑う清少納言の態度とは裏腹に、短冊型の紙片はどういう用途で使うものなのかを広く庶民が知っていたことを、私たちに教えてくれる。

一〇世紀末から一二世紀には、切符《きりふ》系文書という、官庁や権門《けんもん》（公家・寺社・武家など、このころの支配者層）の出納機関が出した支出命令書があった。切符系文書を得た者は、官庁や権門の出納機関へこれを呈示し、券面に記載がある財と交換するよう請求できる。『枕草子』のエピソードで男が想定していたものがこれだ。切符系文書は官庁や権門の組織外の人へ譲り渡されることもあり、なんらかの財との交換手段や、米を借りたときに返済するための手段などとして使われた。

紙幣の先駆け、割符と祠堂銭預状

中世に入ると、銭への請求権を示す文書、すなわち手形に近い機能を持つ文書を使ったことが、しばしば記録に出てくるようになる。数ある例のなかで、紙幣に近い機能を持つものが二つある。その例の一つが、一四世紀に登場し一五世紀後半に目立つようになる、割符《さいふ》である。主に、畿内を本拠とした、物流系の商人が発行した。

券面の文言が現在確認できる割符には二つのパターンがある。

①現在の為替手形に似たもの。すなわち、発行者が他人Aに割符を渡す。割符には次のようなことが書いてある。「この割符を他人Bへ呈示すれば、他人Bは券面に記している

額の銭と交換します」。つまり、発行者が他者（この場合は他人B）へ、割符を銭に交換するように委託（いいかえれば命令）するパターンである。現在の手形システムでいうと、発行者が振出人、他人Aが受取人、他人B（発行者と提携している）が支払人にあたる。
②現在の約束手形に似たもの。割符には次のようなことが書いてある。「この割符を発行者に呈示すれば、発行者は券面に記している額の銭と交換します」。つまり、発行者自身が割符を銭に交換することを約束するパターンである。現在の手形システムでいうと、発行者が振出人であり支払人でもある。

割符を得た人は、それを他人に譲り渡すことができた（つまり、割符は譲渡性を持っていた）。割符の券面には特定の受取人を記しておらず、発行者のもとへ持ってきた人に対して券面に記載がある額の銭が支払われた（つまり、持参人払《じさんにんばらい》だった）。

割符は長距離を移動する商人が、地方で商品を仕入れるときの対価として使ったらしい。商品との交換手段として機能したところは、紙幣に近い。割符を得た人はそれで別の商品と交換しようと思えばできるし、支払人のところへ持っていき券面にある額の銭と交換することもできる。

中世の日本で紙幣に近い機能を持っていた二つめの例が、祠堂銭《しどうせん》預状《あずかりじょう》である。

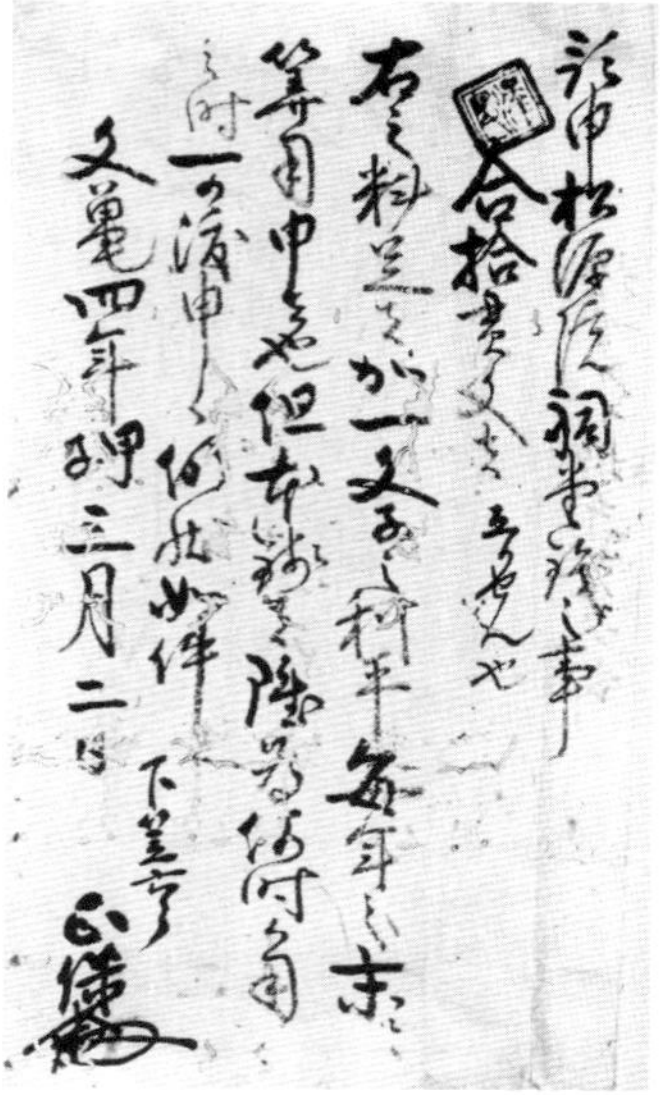

祠堂銭預状（文亀４年〔1504〕、大徳寺文書、東京大学史料編纂所蔵写真帳）

祠堂銭とは、禅宗の寺院が寄付としてうけた銭のことである。禅宗の寺院は金融業も営んでおり、貸付の原資に祠堂銭を使った。主な貸付先が商人だった。預状とは、なんらかの財を受託したときの受領書をいう。禅宗の寺院が商人へ銭を貸したときに、商人はその寺院へ宛てて受領書を発行した。これが祠堂銭預状である。

祠堂銭預状の券面には「元本にあたる銭は、いつでもご入り用のときにお渡しします」という趣旨のことが書いてある。発行者（振出人であり支払人でもある）が、これを呈示されたときに銭を渡すわけだ。現在でいう一覧払《いちらんばらい》の約束手形に近い。中世の日本で預状は通常、譲渡性があった。だから、預状の一つである祠堂銭預状も譲渡性があったと考えられる。そのため、割符と同じように、交換手段として人々が使った可能性が高い。

割符と祠堂銭預状には共通性がある。額面が五貫文または一〇貫文で定額化されている。これは現在でいえば、どれぐらいの価値なのだろうか。

名目賃金から考えてみよう。中世の日本における一日あたりの賃金は、建築技術職で約一〇〇文、半熟練労働者で五〇文、非熟練労働者で一〇～二〇文程度［高島／深尾／西谷二〇一七］だった。これとは別に、食糧の現物を提供する、つまり賄《まかな》いがありうるのでややこしいが、ともかく、非熟練労働者の一日あたり賃金が、このころ人一人が生存するために必要な最低限度のものだっただろう。そのことを踏まえると、一文＝一〇〇円ぐらい、と考えられる。

梱包された銭（『洛中洛外図屏風（舟木本）』、17世紀　東京国立博物館蔵　Image: TNM Image Archives）

割符や祠堂銭預状の五貫文や一〇貫文という額面は、非熟練労働者の約二五〇～一〇〇〇日分の賃金にあたる。つまり、庶民からすればかなり高額であり、日常の売買で使うものではない。これら紙媒体を使ったのは、おそらく商人や領主など高所得層だっただろう。

額面が五貫文とその自然倍数である一〇貫文で定額だったのは、商人や金融業者などが銭の現物を五貫文単位で

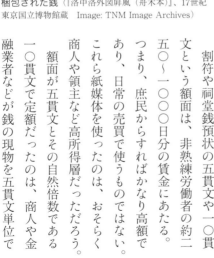

一まとまりにして扱う慣行が関係している。出土した緡銭や絵画資料によれば、五貫文分の緡銭を、稲藁の紐で一つにまとめて梱包し、この梱包した状態を単位として管理していた［渡一九九三・一九九四、櫻木二〇一六］。だから、割符や祠堂銭預状の額面が五貫文の自然数倍だと、兌換する実務がラクだった。

紙媒体を使うようになったわけ

では、中世の日本において、これら紙媒体を交換手段などとして人々が使うようになったのはなぜか。

①銭が不足していた。その代わりとして紙媒体が使われた。ちなみに、金属貨幣の不足が紙媒体を使うことを促す一因となったのは、中世のヨーロッパでも同じだった。

②取引費用（売買に伴う費用のこと。実際に受け渡す貨幣の額だけでなく、伴って消費した時間やエネルギなどを含む）を節約しようとした。銭の現物は質量と体積ともに大きいので、輸送するのに重く管理するのに場所をとる。しかし、紙媒体は質量と体積ともに小さいので、携帯しやすく場所をとらない。だから、取引費用が小さい。

また、取引費用のなかでも撰銭《えりぜに》に関する費用を減らすことが、紙媒体を使う目的にあった。撰銭とは、売買や納税などにあたり銭を受け渡すときに、品質の悪いものなど特定の銭を排除したり、受取を拒んだりする行為をいう。一五世紀後半から一六世紀にかけて、頻繁に起こった（第二章で再論）。

撰銭は、紙媒体とくに手形類を使うことと、どのように関係するのか。売買などの場で銭の現物を受け取ると、そのなかには受け取る側が好まない種類の銭（つまり排除すべき銭）があるかもしれない。また、どれからどれまでを撰銭の対象にするか、その基準はその人が帰属する地域や団体などにより違っていた。だから、例えば京都にいる人に地方から銭を送ってきた場合、発送元の地方では通用するかもしれないが、京都では通用しない銭が混ざっている可能性がある。それは、京都にいて受け取る側に不利益だ。送ってきた銭のなかに、京都では通用しない銭があるかどうか、選別するための時間とエネルギも必要になる。

しかし、手形で送ってくれれば、受け取った人はそれを銭に替えることになる。そのとき、手形を持っている人が主張する基準銭（先の例では京都での基準銭）と交換するよう、支払人（割符や祠堂銭預状を呈示されたときに銭と交換する人）へ求めることができる。だから、銭の現物か手形のどちらかで受け取れるといわれたならば、受け取る方は、撰銭に関する取引費用を伴う前者を敬遠し、基準銭と交換することが期待できる後者をおそらく選ぶだろう。

このことに関連するのが、祠堂銭預状のなかにある、額面のあとに書かれた「ゑりせん《（撰銭）》」という記載である。この場合の撰銭とは、銭現物の集合体のうち、好き嫌いを選別（つまり動詞としての「撰銭」）したあとに残ったものを指す。つまりこの記載は、祠堂銭預状と通用する銭とを交換することを振出人が約束していることを示す。この記載があれば、預状を持っている人は「この預状は、通用する銭に交換できる」と強く確信できる。

まとめるに、撰銭する基準は地域などで違ったが、それと関係なく、手形であれば、手形を持っている人が想定する銭へ交換することが期待できる。そのことは、人々が銭の現物よりも手形を好む理由の一つとなった。撰銭が頻繁に発生した時期だったからこそ、みずから銭の選別などせずともよく、通用する銭と兌換することが期待できる紙媒体が好まれ、使われたというわけだ。

実際、このころの領主が銭現物よりも手形で税が納められることを好んだことがわかる記録がある。一五四〇年代、本願寺《ほんがんじ》は加賀国《かが》（現石川県）からの税を「替銭《かえせん》」つまり為替手形のような紙媒体で送ることを求めた［川戸二〇〇八］。

これに関連する現象がある。記録によれば、京都の東寺《とうじ》は一六世紀初め、領地である備《びっ》中国《ちゅう》新見《にいみ》荘（現岡山県新見市）から収税するとき、「悪銭」を含む恐れがある銭現物でなく、漆や紙などの財で納めてくることを好んだ［川戸二〇〇八］。「銭を受け取ると、他人が受け取ってくれるかどうか確信できない非基準銭をつかまされるリスクがある。そうであるならば、銭は受け取らず、銭以外のものを受け取る」と考えたからだろう。

また、参考となるのが、近年の中国における売買の事情である。二〇一〇年代に入り、ウィーチャットペイなどのモバイル決済サービスが急速に広まったことが、日本でもしばしば報道されている。モバイル決済サービスが広まった要因の一つとして、偽造紙幣や汚損紙幣が多い中国では、多くの人が貨幣の現物に対して強い懐疑心や忌避感を持っていたことが挙げられている［中島恵二〇一七］。偽造・汚損がある紙幣を選別するのが面倒なので、貨幣の現物以外のものを好むようになったというこの現象は、撰銭が面倒なので紙媒体を好むようになった中世日本の状況と似ている。

さて、中世の日本で人々が紙媒体を好んだ話に戻すと、預状の書式をとる手形は、室町幕府法では徳政（債権・債務の破棄）の対象外だった。つまり、徳政が執行されても、券面に記してある銭への請求権（債権）が消滅しない証券だった。

また、預状の形式をとる限りは、預状に記していない事情は考慮する必要はなく、その記載文言により額面の銭を求めることができる、とこのころの人々は認識していた。現在でいう文言証券《もんごんしょうけん》としての性格を持っていたわけだ。預状に対するこの考えかたは、室町幕府も裁判で採用していた。このように、預状は慣習法や政府法が保証する相対的に安定した債権だった。これも人々が手形を好んだ理由の一つだった。

ここまで、中世の日本で交換手段のように使われた紙媒体を紹介した。紙媒体は銭の不足を補い、撰銭などに関するさまざまな取引費用を生まずに済ませた。ただし額面が高い。だから、銭を節約することに寄与したといっても、庶民が使うものではなかった。

銭を動かさず、ツケで取引する

では、庶民が銭を使わず、売買を成立させるためには、どのような手法があったのか。それが掛取引《かけとりひき》である。すなわちなんらかの交換手段を受け渡しせずに売買の記録だけを残す、または口頭のみで契約して記録さえしない、信用取引を行った［高木二〇一〇］。

掛取引は遅くとも平安時代には行われていた。一〇世紀前半の紀行文学『土佐日記《とさにっき》』に、作者かつ主人公である紀貫之《きのつらゆき》が乗る船の船頭が、「夜《よん》べのうなゐもがな、銭乞はむ、そらごとをして、おぎのりわざをして、銭も持て来ず、おのれだにこず」という船歌を唄う場面がある。……夕べのクソガキ（うない＝童）、こんど会ったら銭むしりとってやる（憤怒）。ウソついてツケ（賒《おぎのり》）にするといって、銭は持ってこないし、本人は来ないし……といった内容である。

ツケにする、すなわち掛取引にするという話を信じてだまされた、という歌だ。このころの庶民が掛取引を普通に行っていたからこそ、この歌を詠む人がいた。

時代が下って、室町幕府が行った裁判の記録をみると、一五世紀から一六世紀にかけて、掛取引に関する事例が複数ある。室町幕府が徳政を執行した際に、売掛債権を保護してほしい、と債権者が求める例が目立つ。永正一七年（一五二〇）に室町幕府は、売掛債権を徳政の対象外とする、との法を定めた。掛取引を人々がそれだけ普通に行っていたからこそ、これらの記録がある。

時期が少し下るが、元和《げんな》九年（一六二三）安楽庵策伝《あんらくあんさくでん》（京都誓願寺《せいがんじ》の僧。落語の祖ともいう）の小咄集『醒睡笑《せいすいしょう》』に、このころ庶民が行っていた掛取引の実態を表わすエピソードがある。

京都の方広寺《ほうこうじ》の前に茶屋があった。従者を二人連れた、関東から来た若い侍が器にてんこもりの餅を食べた。茶屋の亭主は一〇〇文を請求した（このころ、餅一個がだいたい銭一文なので一〇〇個ほど食べた計算になる。三人でシェアしたとしてもなかなかの量だ）。侍は一文も持っていなかった。侍は「掛けられよ」（ツケとけ）、といった。茶屋の亭主は

「掛けるというのは、二文とか五文とかの場合です。一〇〇文は掛にするには高すぎます」（京都弁に変換してお読みください）といって、代わりに脇指《わきざし》（短刀）を質物（物的担保）に取ろうとした。侍は拒んだ。亭主は京都所司代《しょしだい》（江戸幕府の機関で、京都の行政・司法を管掌した）へ訴えた。所司代である板倉勝重《いたくらかつしげ》は銭一〇〇文を亭主へ渡し、侍へこういった。「あなたは関東の人だが、京や伏見《ふしみ》（現京都市伏見区。このころの山城国《やましろ》［現京都府］では京都に次ぐ大都市）など故郷で知り合いがいる所でなく、来るのは一回だけなのだから、後で返すなどといって、お代を支払わずに行ってはいけないよ。」

プロットを確認しよう。売買の額が一〇〇文で、債務者（侍）の所在地が関東で、債権者（茶屋亭主）がいる京都に再び来ることがない場合、その債権者は債務者に掛売をすることに同意できず（信用を供与できない）、司法（板倉勝重）も債権者の主張を支持した。一〇〇文の銭をポンと渡した板倉勝重の気前の良さが、本来の話のキモなのかもしれないが、その評価は読者に任せよう。

この小咄から、なにがわかるのか。①二文や五文といった額ならば、亭主も掛売に同意したかもしれなかった。つまり、二文や五文といった額の掛取引は当時、茶屋などの零細小売業者と顧客の間で普通に行われていた。②亭主と板倉勝重の発言の裏には、一〇〇文という額でも、知人がいたり、頻繁に来ることがあれば、掛取引が成立しうるという認識があった。つまり、相対的に高額の売買や遠距離の売買でも、保証人がいたり、再会することを確信できるならば信用を供与しうる、と彼らは考えていた。この小咄そのものはフィクションかもしれないが、一七世紀初めの庶民が掛取引をごく普通に行っていたからこそ、この小咄は成立した。

②に関してだが、文明五年（一四七三）の記録をみてみると、ある商人が一九五貫文の売掛債権を持っていた例がある。一貫文を超える額の掛取引の例は一六世紀にもある。零細消費者が日常の売買でためたツケでなく、大口の買い手への掛売だろう。

空間的な距離でいうと、天文一七年（一五四八）の記録に、京都と越前《えちぜん》国府中（現福井県越前市）との間で掛取引が行われた例がある。直線距離で約一一〇キロメートルだ。つまり、双方の当事者が日常的に顔を合わせるような距離でなくとも、掛取引は成立していた。

このように、一五～一六世紀には庶民が行うような小額のものだけでなく、商人が関わる大口かつ遠距離の掛取引もあった。その他掛取引に関する技術として、一五～一六世紀の記録をみると、売買価額のうち一部額を支払って残額を掛としたり、売掛債権を文書化したり、当事者が相互に売掛債権を持ちあったり、といったものを確認できる。さまざまな取引技術を、人々は考案していたわけだ。

戦乱と銭不足が信用取引を促す

このように、一五世紀後期から一六世紀前半には、紙媒体や、音声言語のみによる契約や対面での信用を使うことで、売買の価額は銭単位で示すが、銭の現物を受け渡さずに、いいかえれば、銭を節約して売買を成立させるさまざまな方法があった。信用取引というと、近代的なものと考える向きがある。しかしここまでみたように、日本では、早くは平安時代から、そして一五世紀から一六世紀にかけて頻繁に行っていた。

実のところ、銭の時代だったからこそ信用取引が行われた、ともいえる。銭は単位価値あたりの質量と体積が金や銀に比べて大きいので、取引費用が相対的に高い。また、一五世紀後半から一六世紀にかけては慢性的に戦争が起きていたので、銭など現物を輸送する費用（例えば安全を確保するための費用）が高かった。加えて、そもそも銭が不足していた。そこで取引費用や銭そのものを節約するため、質量と体積が小さい紙媒体を使ったり、いつもは掛取引をして決算時だけ銭の現物を受け渡すことで、決済の回数を減らしたりした。

加えて、第二章の主題であるが、特定の銭を嫌い、選別する行為、つまり撰銭が頻繁に行われていた。銭の現物を受け渡すとなると、撰銭の手間（つまり取引費用）が生まれるし、銭の現物には人々が受け取りを嫌った銭がしばしば含まれていた。これらを避けるために信用取引が好まれた。

つまり信用取引は、江戸時代のように平和になって常設店舗が一般化するなど、商業インフラが安定してからではなく、むしろ戦乱や銭不足といった危機の時代に現われた。銭を使うことでよけいな取引費用がかかるのなら、あるいは銭そのものがないのであれば、高額の売買を行う商人から小額の売買を行う庶民まで、一つの対応として、信用取引を行った。中世びとの柔軟さである。

日本産模造銭は庶民のニーズに応えた

本章では、一三世紀後半から一六世紀にかけての日本における銭の供給に関わる事情や、銭の代わりに紙媒体や掛取引を活用したことをみてきた。

この時期の日本で銭を供給するチャネルは、国内で民間が模造したもの（銭文があるもの・ないもの）、政府（中央・地方）が管理する貿易または管理しない貿易（後者は明政府からすれば密貿易）で輸入したものなど、さまざまだった。銭の供給を輸入に頼った一一世紀末から一三世紀前半までと、日本の中央政府が製造を管理する銭だけが通用を許されていた一七世紀後半以降（第四章で再論）とを橋渡しする、まさに銭の「中世から近世へ」の時期だった。

そのなかでも一四・一五世紀は、世界史全体の画期でもある。一四世紀には、寒冷化と、それに伴ってユーラシア全体で飢饉・感染症（腺ペストなど）・人口減少・戦争が頻発し、経済が収縮した。「一四世紀危機」という。鎌倉幕府の滅亡や南北朝の動乱もその一部である。一五世紀には、一四世紀危機から復興し、地球全体が経済的につながり、新たな政治体制が登場する（例えば、東アジアでは室町幕府・統一琉球王国・明・朝鮮王朝が成立する）という、世界史レベルで近世が始まる時期、と研究者は評価している［上田二〇〇五、マクニール／マクニール二〇一五］。日本についても、一四世紀に人間と自然との関わりかたに大きな変化があったとし、それを日本史上の「文明史的次元の区分」として二つに分ける画期として語る説がある［網野二〇一七］。つまり一四・一五世紀は、日本における政権交替を基準とする歴史区分では中世後期だが、世界史的には中世最後の危機から近世の始期という、「中世から近世へ」のまさに移行期だった。

日本で銭が再びつくられるようになったのは、ユーラシア全体が一四世紀危機のため経済が停滞したなかで、銭が不足し、輸入銭だけでは貨幣に対する人々の需要をみたせず、かつ政府が銭を供給しなかったからだった。輸入銭と日本産の私造銭に頼り、後醍醐天皇を別とすると、政府が供給にあまり関わらなかったという点で、中世の日本における貨幣システムは公権力の統制の外で自律的に確立した、と研究者は評価している［中島圭一二〇〇三］。

また、後醍醐天皇の造幣計画といい、室町幕府による銭の輸入といい、その目的は財政を補填することだった。貨幣に対する需要をみたして、庶民の生活を豊かにするという発想は、ない。むしろ、日本の民間（地方政府も？）がつくった模造銭や、政府が管理しない貿易で輸入した銭こそが、貨幣に対する庶民の需要に応えた。中世日本での銭の模造は、単なる偽造ではなく、不足する貨幣を民間みずからがつくりだした現象だった、とみなすべきだ。

ただし留意すべき点が、とはいうものの銭は不足していた、ということだ。だからこそ、人々は銭の代わりに紙媒体を使ったり、掛取引を行ったりしたし、また、先に少し触れた、撰銭や銭の階層化という、一五世紀後半から一六世紀に特徴的な現象が起こる。章を改めてみてみよう。

第二章　銭はどう使われたのか——撰銭と銭の階層化

「どの銭も一枚一文」原則

この章では、銭に関する、中世の日本において特徴的な現象である撰銭と、銭の階層化について語る。銭はどのようなシステムの上で流通していたのか、そのメカニズムをみる。撰銭、そして銭の階層化とはなにか。その定義を理解するためには、これら現象の背景にある、中世の日本における銭の等価値使用原則について、先に知る必要がある。

銭の等価値使用原則とはなにか。北宋や明など中国の政府は、額面が一文の銭（小平銭《しょうへいせん》）と、額面が一文を超える銭（大型銭）とを発行した。しかしながら、中世の日本の遺跡では、博多など中国貿易と深く関わるところなどの例外を除き、大型銭があまり出土しない。全国的には小平銭だけが通用したらしい［櫻木二〇〇九］。

このように、額面一文の銭だけを使ったことを、等価値使用原則という。一枚で一文として使った銭を、研究者たちは、記録に出てくる語でもある精銭《せいせん》と呼ぶことが多い。ただ、それ以外にもさまざまな呼びかたを記録で確認できるので、本書では、現在における概念用語である基準銭と呼ぶ。

さて、一五世紀後半から一六世紀になると、等価値使用原則に反する二つの現象が目立つようになる。撰銭と銭の階層化である。

撰銭とは

まず、撰銭についてである。撰銭とは、第一章で少し触れたが、売買や納税などで銭を受け渡しするときに、特定の銭を排除したり、受け取りを拒む行為をいう。

撰銭自体は時代を越えて起きていた。例えば、古代では製造品質が悪く、銭文がはっきりわからない銭を受け取ることを人々は拒んだ（後述）。その後おおむね一五世紀前半まで、撰銭の対象は磨耗したものなど、品質が低い銭だった［小葉田一九六九］。

これに対し、一五世紀後半に入ると、品質だけでなく、銭種＝銭文を基準として人々は選別するようにもなり、またそれが頻発した。例えば明銭、厳密にいうと、明政府が発行した銭の銭文を持つ銭を排除した。明銭のなかでも、例えば永楽通宝は金属そのものの品質はそこそこ良い。にもかかわらず、人々は嫌った。新しい銭も嫌った。このように、品質の良し悪しが排除するかどうかの基準では必ずしもなくなっていた。

品質に関係なく撰銭が起こったわけだが、それはなぜか。まず、低品質銭に対する排除が頻発したことについて考えてみよう。理由を明確に語る記録がないため不詳なのだが、論理的には次のとおりだ。人々は等価値使用原則により、品質の低い銭を除きどの銭も一枚一文として、つまり基準銭として使っていた。しかし、一五世紀に銭の不足が深刻になった。また、かつての基準銭も劣化すれば、人々は基準銭として扱わなくなる。その結果、基準銭が希少になる。とはいえ、銭がないと売買ができない。

そこで、日本産か輸入品かを問わず、品質が低い銭を使ってもいいではないか、低品質銭すべてを使わないまでも、排除する基準を緩めればいいではないか、と考える人が現われる。そして、従来であれば排除した銭のうち、品質が低いながらも度合いがマシなものを使うようになる。

しかし、それを良く思わない人もいる。もし、自分が、従来の基準銭でない銭（非基準銭）を受け取ったとしても、それを使って自分がなにか買おうとしたときに、他人が受け取ってくれるとは限らないからだ。そう考えた人は、その人なりの選別基準に即して、その人にとっての基準銭だけを受け取り、その人にとっての非基準銭を受け取ることを拒む。

またある人は、基準銭の流通量が少ない状況で、将来も不足するだろう、と予想する。不足が続けば、基準銭の価値が上がるだろうから、今のうちに基準銭をかき集めておこう、と考える。このころ、特定の非基準銭を、基準銭と等価とはしないまでも、基準銭より価値を減らして通用させる慣行も生まれた（これが銭の階層化である。後述）。またある人は、基準銭と非基準銭とに価格差があり基準銭が不足する状況では、基準銭の価値が今後さらに上がるだろう、と予想する。結果、基準銭をより好み、非基準銭をより嫌うようになる。

このような理屈で撰銭は頻発した。銭が不足するなかで、従来の非基準銭を基準銭並みに扱おうとする人と、あくまで従来の基準銭を好み非基準銭を嫌う人とがせめぎ合っていた。ただし、銭が不足したのは、前の世紀以来のことであり、一五世紀後半に始まった話ではない。だから撰銭は、一五世紀後半より前に頻発してもおかしくない。では、ほかならぬ一五世紀後半に頻発したのはなぜなのか。

理屈からすれば、銭が不足する度合いが、非基準銭が市場へと大量に入ってくる閾値に達した、すなわち、人々が特定の非基準銭を基準銭並みに扱おうとする分岐点まで基準銭の流通量が減ったのが一五世紀後半だった、と説明できる。

このとき特有の事情が、明銭が嫌われた理由ともかかわるが、中国で銭の流通が混乱したことである［黒田二〇一四］。一四五〇年代から、江南《こうなん》（長江下流域南方）でつくられた品質の低い模造永楽通宝が、北京に入ってくるようになった。人々は模造銭を嫌い、明の制銭をより好むようになり、仕舞いこむようになった。中国の人々が中国産の模造銭を嫌ったこの現象が、貿易を通して日本にも伝播し、明が発行した銭の銭文を持つ銭を、制銭か私造銭かを問わず、非基準銭として扱うようになったらしい。

なお日本では、一五世紀後半とくに一四八〇年代以降、つまり応仁・文明の乱が沈静化したころから、銭の受け渡しに際して「悪銭《あくせん》」をめぐるトラブルが起きた事を語る記録が目立つようになる〔川戸二〇〇八〕。ここでいう「悪銭」の「悪」とは、どのようなニュアンスを含むのか。日本の人々が明銭を嫌うようになるのがこのころであることと、明の制銭の品質が必ずしも低くないことからすれば、この「悪」の語は現代の語感でいう「粗悪」とは語義が違う可能性がある。

参考になる用例が、中世前期の「悪僧」や南北朝時代の「悪党」だ。これら「悪」の語は、品質的または倫理的に劣る（悪質・邪悪）というより、「程度がはなはだしいさま」「通常の基準や本来あるべき秩序から逸脱しているさま」を意味する。メイクが「鬼盛り」という場合の「鬼」に近い（最近あまり使わないが）。「悪銭」も、品質が悪い銭の意ではなく、基準からはずれている銭、と解釈するべきかもしれない。

新しい銭を嫌い、古い銭を好む

次に、新しい銭を嫌う現象をみてみよう。例えば、京都にある相国寺《しょうこくじ》の僧が書き残した日記のうち明応《めいおう》八年（一四九九）の記事に、このころ日本人は輸出品の対価として中国側へ

「旧銭」を求め、「新銭」は「悪」とみなした、とある。

この記録がいう旧銭とは、明より前の王朝の銭（唐銭や北宋銭など）を指す。新銭とは、明政府が発行した制銭とする説（明より前の王朝の銭＝旧銭と対比している）と、このころ中国でつくった模造宋銭とする説とがある〔橋本二〇一一、黒田二〇一四〕。どちらが正しいのか、今後の議論を見守りたいが、ともかく、つくられた時期が新しい銭を日本人が嫌ったということは事実らしい。

つくられた時期が新しい銭をなぜ嫌ったのか。当時の日本社会の上層が古いものを尊重した風潮による、という説がある〔橋本二〇一一〕。このころ特有の文化に求める説だ。

もう一つ、経済合理的な行動としても説明できる〔高木二〇一六〕。新しい貨幣は受け取られたことがない、または少ないわけだから、次に他人が受け取ってくれるかどうかが確信しづらい。筆者も、二〇〇〇年に発行された二〇〇〇円日本銀行券の新品をはじめて手にしたとき、「ほんまに使えるんか？」と不安になった。逆に、見慣れたデザインの使い古された日銀券は、誰かに受け取ってもらった覚えが自分にあり、実際に誰かが受け取ってきたわけだから（だから使い古されている）、今後も他人は受け取るだろう、と予想できる。

こういった、使い古された貨幣がむしろ好まれる現象は、世界史をみわたしても、しばしばある。例えば、近代の中国では新札よりも汚れた紙幣を好んだ（現在と逆だ。第一章）。汚れているということは、前の持ち主が偽造紙幣でないとみなして受け取ったこと（つまり判定試験が済んでいる）を意味するから、偽造紙幣ではない可能性が高い、と判断できるからだ［増井一九八六］。このエピソードは、貨幣がその素材価値よりも、未来でも使えると確信できるかどうかが、受け取りを決める要因として大きいことを示している。

中世日本と同じ時期の中国でも、人々が見慣れているのは北宋など旧王朝が発行した銭の銭文を持つ銭だった。中国で旧銭が模造されたのは、なじみ深いもの、これまで使われてきたものこそ、未来でも受け取ってもらえるだろうと予想したからだ。逆にいえば、新しい銭は私造であることが明らかなので、人々には嫌われた［黒田二〇一四］。

撰銭する基準は地域でさまざま

日本に話を戻そう。それぞれの銭種に対する好き嫌いは地域で異なった。例えば九州の人々は、明銭のうち洪武通宝を好んだ。一六世紀前半の大隅国で、ある土地の所有権が移転したときの記録をみると、その土地を買い戻すときの交換手段として、緡に洪武通宝と永楽通宝と古銭を混ぜたものを使うように指定した契約がある［川戸二〇〇八］。

九州の人々が洪武通宝を好んだことは、考古学的にもわかっている［櫻木二〇〇九］。洪武通宝が出土する比率は、他の地方よりも九州が高い。また、一五世紀のものらしい、洪武通宝が九九％超を占める一括出土銭が八女市でみつかっている。これらの地域では、価値蓄蔵手段として洪武通宝が好まれていたわけだ。

だからこそ、九州では洪武通宝が模造されていた。模造は大隅国加治木（第一章）に加え、現在、八女市のある筑後国《ちくご》（現福岡県）でも行われていたらしい。『毛吹草《けふきぐさ》』という寛永一五年（一六三八）の序文を持つ俳諧に関する理論書がある。この書は各地の名物を記しているが、そのなかで筑後国は「洪武銭」（「コロセン」とふりがながある）の特産地として登場する。なお、本州では九州と異なり、洪武通宝は嫌われた（後述）。

一方、明銭のうち永楽通宝は、畿内を挟む両側の地域の人々は好み、畿内の人々は嫌った。記録によると、後北条氏の領域では遅くとも天正《てんしょう》五年（一五七七）以降、従来の基準銭に対して、永楽通宝に二倍の価値を与えるようになる［中島圭一　一九九二］。これを永楽通宝の超精銭化という。一括出土銭の例を分析すると、関東や九州における永楽通宝が占める比率は一六世紀第一四半期以降に増え、世紀の後半にその傾向が強まる。これらの地域の人々が、永楽通宝を価値蓄蔵手段として好んだということだ。

永楽通宝★

それに対して畿内では、永楽通宝があまり出土しない［鈴木公雄一九九九］。また、畿内の人々が永楽通宝を嫌ったことは記録にもみえる（後述）。

永楽通宝を関東に供給したチャネルは大きく二つあった。一つが地域間の裁定取引（同じ商品の価格差を利用して利益を得る取引のこと）である。畿内が嫌い、関東が好む、つまり地域間で価格差が生じることで、永楽通宝は関東へと流れていった。

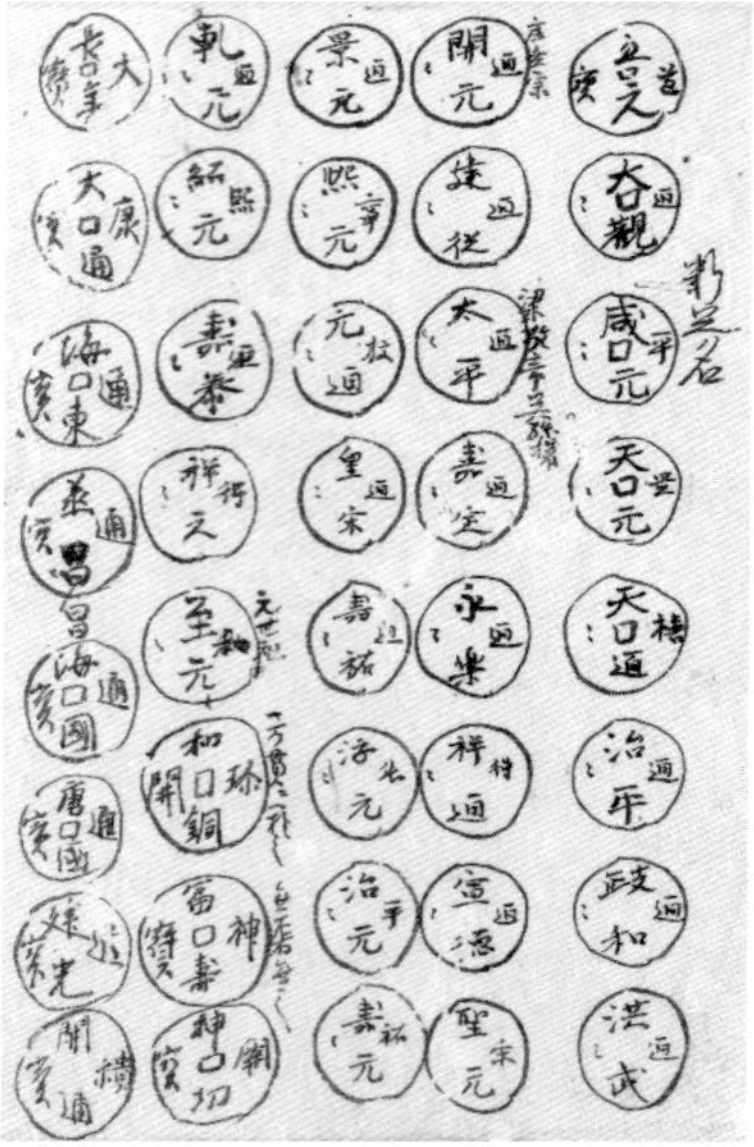

銭のスケッチ（大乗院寺社雑事記［寺務方諸廻請］、長禄２年〔1458〕、国立公文書館蔵）

もう一つが、現地での模造である。茨城県東海村で永楽通宝の未成品が出土していること（第一章）が根拠の一つである［黒田二〇一四］。

さて、明政府が発行した銭の銭文を持つ銭を選別したわけだが、それとそれ以外の銭とを識別する基準は、銭文、すなわち銭の表面にある文字だ。ということは、中世の日本の人々は銭文をみて、それが例えば永楽通宝なのかどうか識別できたことになる。

参考になるのが、第一章でも触れた、興福寺大乗院の僧である尋尊が残した日記である。

長禄《ちょうろく》二年（一四五八）の記事に、彼の手元にあったらしい銭をスケッチしている。描いた理由は不詳だが（日記なので、本人がわかりきっていることは必ずしも書かない）、このころ、人々が銭文へ関心を深めていたことを反映している［清水一九九七］。

考古学的知見としては、埼玉県深谷市で出土した、一五世紀初めから中期ごろの銭が目をひく。これに天聖元宝《てんせいげんぽう》・天禧《てんき》通宝・至道《しどう》元宝（以上すべて北宋銭）だけでつくられた緡銭がある。天聖元宝は真書《しんしょ》体のものだけ（篆書《てんしょ》体のものを排除している）、至道元宝は行書《ぎょうしょ》体・草《そう》書《しょ》体のものだけである（真書体のものを排除している）［中島圭一二〇〇三］。特定の銭文かつ特定の書体のものを識別してまとめたわけだ。

銭文を識別できるということは、すべての文字が読める、またはその文字で記す言語すべてがわかることを、必ずしも意味しないものの、庶民の識字率はどうやって高まるのか、という問題を考えるうえで興味深い［高木二〇一〇］。どういうことかというと、エンブレムを

真書・篆書・行書・草書の対比（上から。安田女子大学文学部書道学科学生・堺本麻榔氏書）15世紀には、これら書体を識別して銭を貯める人がいた。

見て、その車がフォルクスワーゲン製であるとわかる人は多い。それは、エンブレムを記号として認識していれば可能だ。Volkswagen のVとWを図案化したものという、エンブレムの由来を知っていなくともよい。よしんば、あのエンブレムが Volkswagen のVとWからできていることを知っていたとしても、それはその人がドイツ語を運用できることを意味しない。実際、筆者はドイツ語がまったくわからない。

これと同じく、一五世紀から一六世紀の日本の庶民は銭文を、文字ではなく単なる記号として認識していただけかもしれない。とはいえ、撰銭が頻発したことをきっかけに識字率が高まったのならば、それはそれでおもしろい。

等価値使用原則を変則的に運用する——組成主義

ここまで述べたように、銭が不足したため、人々は非基準銭を活用しようとした。しかしその一方で、非基準銭を撰銭する人もいた。このように相反する方向があったが、そこで人々は、等価値使用原則を変則的に運用して非基準銭を活用した。

変則的な運用とは具体的にはどういうものか。緡銭は原則、基準銭だけを束ねてつくられる。しかし、銭が不足しているので、非基準銭を使ってもいいではないか、という人が現われる。とはいえ、非基準銭を嫌う人も多かった。

そこで折衷案として、緡銭に一定の比率まで非基準銭を混ぜ、その全体を基準銭として扱う慣行が生まれた。この、基準銭と非基準銭とを取り合わせる使いかたを組成主義という［桜井二〇一七］。

早い例が、伊勢国《いせ》（現三重県）に関する永享《えいきょう》八年（一四三六）の記録にある。銭を貸し借りするときに「あくせん十五文さし」すなわち「悪銭」を一五％混ぜた緡銭が使われた［千枝二〇一二］。

また、豊前国《ぶぜん》宇佐《うさ》神宮（現大分県宇佐市）に関する永正八年（一五一一）の記録によると、当地を支配していた大内氏が宇佐神宮へ銭を貸し、利子をつけて返すよう求めた。財政収入を得るためだった。このとき「清《せい》」（基準銭）建てで貸し付けたが、実際に渡した緡銭は永楽通宝を二〇％含んでいた。つまり、基準銭八〇％・永楽通宝二〇％の組成でできている緡銭全体を基準銭として扱っていた［藤木一九七四、本多二〇〇六］。

緡銭について触れたついでに補足的な話をすると、等価値使用原則は緡銭をつくる慣行にも関係しているらしい。緡銭に小平銭と大型銭とが混ざっているとデコボコして扱いにくく、よけいな取引費用が生まれるからだ。ちなみに博多で、周囲を削った大型銭が出土している。小平銭に大きさを揃えたというわけだ［櫻木二〇〇九］。

周りを削った大型銭（博多遺跡群出土、削ったものと制銭とを重ねて比較したもの、福岡市埋蔵文化財センター蔵）

永楽通宝を嫌ったのも同じ理由らしい。永楽通宝は大型銭がなく小平銭だけだったが、北宋などが発行した小平銭よりやや大きかった。だから、緡銭に混ぜるとデコボコした。そのため、敬遠されたらしい［橋本二〇一一］。

銭の階層化と減価銭

等価値使用原則に反するもう一つの現象が、銭の階層化である。まずその仕組みをみてみよう。

銭が不足したので、人々は非基準銭を活用しようとした。ある人が組成主義（取り合わせ）と違う方法を思いついた。すなわち、従来なら排除した非基準銭のうち一部を、一枚で一文とはしないまでも、一文未満の額面にした。研究者はこの銭を通用銭・流通銭・低銭などと呼ぶことが多いが、本書では、一文より価値を減らしたことを強調するため減価銭《げんかせん》と呼ぶ。

一枚で一文の銭すなわち基準銭と、一枚で一文未満の銭すなわち減価銭という、複数の額面の銭を通用させるようになったことを階層化という。等価値使用原則をそもそもやめてしまう方法だ。

その早い例が、京都にある賀茂別雷神社《かもわけいかずち》（いわゆる上賀茂《かみがも》神社）の領地に関する長享《ちょうきょう》二年（一四八八）の記録にみえる。能登《のと》国土田《つちだ》荘（現石川県志賀町）が納めた年貢について、「悪銭」一〇〇〇文を「本銭」（基準銭のことだろう）五一一文に換算している［川戸二〇〇八］。また、政府が基準銭と減価銭との換算比を定めた早い例が、明応二年（一四九三）の、肥《ひ》後《ご》国（現熊本県）を本拠とする大名である相良《さがら》氏によるものだ［川戸二〇〇八、桜井二〇一七］。「字大鳥」（内実不詳）を基準銭の2／5倍に、「黒銭」（内実不詳。鉄製の銭とも、劣化した輸入銭とも）を基準銭の1／2倍の価値とした。

この法が定められたのは、政府が一方的に押しつけたからでなく、当時すでに受け入れられていた慣行が背景にあったからだ。字大鳥は、大隅国における土地売買に関する永正一三年（一五一六）の記録にみえる［中島圭一一九九七］。黒銭は、博多聖福寺《しょうふくじ》の収税に関する天文一二年（一五四三）ごろの記録にみえる［本多二〇〇六］。これらは、相良氏の領域の外の話である。特定の政府の領域を越えて存在したのは、その銭種を定義したのが特定の政府でなく、社会が共有していた慣行だったからこそだ。

その他一六世紀にかけて、中国地方や九州そして北陸で減価銭のさまざまな名を確認できる［本多二〇〇六、高木二〇一〇、高木二〇一七］。「当料《とうりよう》」「並銭《なみぜに》」「次銭《なみぜに》」「当時通世銭《つうせい》」「当《とう》世銭《せい》」などだ（ちなみに基準銭は「精銭」「清銭《せいせん》」「清料《せいりよう》」「古銭《こせん》」など）。さらに、日本でつくられた模造銭を減価銭として扱うことがあった。永禄《えいろく》二年（一五五九）の周防国で「新銭」を基準銭の1／3にしたという記録がある。先の字大鳥と黒銭を含め、減価銭の例が九州や中国地方に多いのは、これらの地域で取引需要に対して銭が不足ぎみだったので、日本産の模造銭などを積極的に活用したからだ。

基準銭と減価銭との換算比を「和利《わり》」と呼ぶことがあった［本多二〇〇六］。例えば「三和利銭」は一枚で1／3文とする銭を指した（三割＝三〇％ではない）。その他、一和利半（1／1.5）、二和利半（1／2.5）、四和利、六和利の例がある。和利と記さなくとも、特定の非基準銭を基準銭の6／7の価値にした例が、一五八〇年代の摂津《せつつ》国東部（現大阪府）にある［高木二〇一七］。

基準銭と減価銭とは機能を分業していた。おおまかには、人々は、基準銭は価値蓄蔵・高額売買・遠隔地交易での決済に使い、減価銭は比較的狭い地域の内部に限られる、日常の小額売買に使った［本多二〇〇六、黒田二〇一四］。減価銭があくまで地域限定で流通したのは、非基準銭のうち減価銭として通用させるものをどれからどれまでにするか、その定義が地域で異なっていたので遠隔地との売買では使いにくかったから、と考えられる。

基準銭の地域差と悪銭売買

基準銭の定義にも地域差があった。そのことについて、参考になる記録がある。元亀《げんき》二年（一五七一）、吉田兼右《よしだかねみぎ》（京都吉田神社の神官）が安芸国厳島《いつくしま》神社（現廿日市市）の遷宮式に赴いたとき、安芸国にあるさまざまな神社は「南京《なんきん》」という銭を贈った。朝鮮王朝政府が編纂した歴史書の一五四〇年代の記事によると、南京とは、福建《ふっけん》つまり中国の南東海岸部でつくられた模造銭［黒田二〇一四］としているが、日本でも同じ意味だったかは不詳である。

兼右は日記に、贈られてきた銭が「国ノ銭」であり「南京」と呼ばれていた、と書いている［本多二〇〇六］。「国」＝その土地（「お国自慢」の「お国」に語感が近い）で流通する銭種であり、それを当地で南京と呼んでいることをはじめて知った、という書きぶりだ。

銭の階層化と、基準銭として通用する銭の定義が地域により異なったことに伴い、銭そのものが売買の対象になった。そこから、悪銭売買の慣行が生まれた。減価銭・非基準銭そのものを売買し、利益を得ようとするものだ［川戸二〇〇八、桜井二〇一七］。

どういうことかというと、ある地域では基準銭として扱われる銭が、別の地域では、ものによっては「悪銭」（品質が悪いとは限らない）などと呼ばれ、減価銭・非基準銭として扱われた。だから、減価銭・非基準銭を仕入れ、逆にそれを基準銭として扱う地域で売れば、その価格差で利益を得ることができる。とくに京都には、納税や商品を仕入れるための対価などとして、各地でローカルに流通したさまざまな銭種が集中した。そのため京都では、これら銭そのものを売買する市場が成立した。それぞれの銭種の需要と供給に応じて、銭種相互の相場が立ったらしい。これが悪銭売買だった。先に述べた、永楽通宝が畿内から関東へと移動したのもその一例といえる。

ここまで、一五世紀後半以降に撰銭が頻発し、銭が階層化したことについて述べた。この二つはともに銭が不足したことへの対応だった。前者は従来の基準銭をより強く好む傾向が強まったことであり（基準銭の価値が上がると人々が期待した）、後者は一部の非基準銭の地位が上がったことだった（全体として銭一般の価値が上がった）。

なお、撰銭と銭の階層化は、一五世紀後半から一六世紀にかけて中国でも起きていた［中島楽章二〇一二、黒田二〇一四］。つまり同じような時期に同じようなことが東アジアで広く起きていた。

政府が撰銭現象を放置しなかったのはなぜか

ここまで、中世から近世へ移り変わる時期に、社会でみられた特徴的な現象として、撰銭が頻発し、銭が階層化したことをみてきた。この状況に対して政府は、どのように対応したのか。

まず、撰銭が頻発したことへの対応をみてみよう。一五世紀第四四半期以降、室町幕府や大名などは撰銭を規制する法を定めた。これを撰銭令という。

模造銭をつくったり、銭を階層化させたりといった、銭の不足に対して人々が自律的に行ったことに対し、一五世紀前半まで政府は介入してこなかった。それが、一五世紀第四四半期に入り、政府は撰銭を規制し始める。それはなぜか。

この問いに対して、簡単に思いつくであろう答えが、撰銭が頻発したためだった、というものだ。必ずしも誤りではないが、あまり有効ではない。というのも、撰銭を行っているのは、市場に参加している人自身である。つまり、撰銭をすることで便益を得る人もいる。政府としては、それを放っておく選択もある。

考えるべきは、政府が撰銭を放置せず、立法という行政費用（文言を考え、布告することなどに伴い費やす時間やエネルギ）をわざわざかけてまで規制した理由だ。撰銭のために誰かが不利益を被り、規制が求められたときに、政府は撰銭令を定めるかどうかを検討する。撰銭が頻発することで、誰が、どのような不利益を被ったのか。史実の復元を業とする歴史学は、

	和暦	西暦	制定主体	対象・宛所
29	弘治２年11月25日	1556	結城政勝	
30	永禄元年５月11日	1558	後北条氏	武蔵国長尾
31	永禄元年６月	1558	尼子氏	杵築大社
32	永禄２年４月14日	1559	武田氏	富士参詣者
33	永禄２年	1559	後北条氏	
34	永禄３年２月晦日	1560	後北条氏	伊豆国牧之郷
35	永禄３年３月16日	1560	後北条氏	武蔵国網代
36	永禄３年６月２日	1560	後北条氏	
37	永禄３年７月５日	1560	後北条氏	相模国柴
38	永禄７年９月３日	1564	後北条氏	武蔵国品川
39	永禄７年11月10日	1564	後北条氏	相模国岩、真名鶴
40	永禄８年12月25日	1565	興福寺	
41	永禄９年３月17日	1566	細川氏・三好氏	京都上京・洛外
42	永禄９年５月15日	1566	後北条氏	伊豆国狩野牧
43	永禄９年８月23日	1566	後北条氏	相模国田名
44	永禄９年９月１日	1566	浅井長政	
45	永禄９年12月29日	1566	細川氏・三好氏	京都上京・洛外
46	永禄10年６月24日	1567	後北条氏	相模国中嶋郷
47	永禄11年８月10日	1568	後北条氏	相模国田名
48	永禄12年２月28日	1569	織田信長	京都
49	永禄12年３月１日	1569	織田信長	摂津国天王寺
50	永禄12年３月16日	1569	織田信長	京都上京・山城国八幡・奈良
51	永禄13年３月16日	1570	織田信長	尾張国熱田
52	天正４年３月朔日	1576	柴田勝家	越前国
53	天正９年８月17日	1581	後北条氏	相模国田名
54	天正10年９月13日	1582	筒井順慶	奈良
55	天正10年10月	1582	羽柴秀吉	山城国山崎

15～16世紀の主な撰銭令　（［高木2010］所収の表を改変）

	和暦	西暦	制定主体	対象・宛所
1	文明17年4月15日	1485	大内氏	
2	延徳4年3月	1492	大内氏	豊前国
3	明応2年4月22日	1493	相良氏	
4	明応5年	1496	大内氏	十月会町
5	明応9年10月	1500	室町幕府	商人
6	文亀2年5月21日	1502	興福寺	奈良
7	永正元年5月1日	1504	九条政基	和泉国日根荘入山田村
8	永正2年10月10日	1505	室町幕府	
9	永正3年3月2日	1506	室町幕府	京都洛中・洛外酒屋土倉、米場
10	永正3年7月11日	1506	室町幕府	
11	永正3年7月22日	1506	室町幕府	
12	永正5年8月7日	1508	室町幕府	山城国大山崎、摂津国、和泉国堺ほか
13	永正6年閏8月7日	1509	室町幕府	
14	永正7年12月17日	1510	室町幕府	酒屋土倉、商人
15	永正7年3月26日	1510	室町幕府	山城国大山崎
16	永正8年12月14日	1511	室町幕府	東寺
17	永正9年8月30日	1512	室町幕府	
18	永正10年9月3日	1513	室町幕府	東寺
19	永正13年8月12日	1516	大内氏	豊前国宇佐郡
20	永正15年10月14日	1518	大内氏	
21	天文11年4月8日	1542	室町幕府	
22	天文11年4月20日	1542	室町幕府	京都上京・下京土倉酒屋
23	天文11年4月22日	1542	室町幕府	土倉酒屋
24	天文11年8月16日	1542	興福寺	
25	天文13年12月	1544	室町幕府	京都上京・下京土倉
26	天文14年12月13日	1545	東福寺	
27	天文16年以後	1547	武田氏	
28	天文19年閏5月13日	1550	後北条氏	相模国礒辺

それを具体的に語る必要がある。

　実は、撰銭が頻発したことについて、銭秩序を安定させるために撰銭令を定めた、との説明は近年もある［本多二〇一七］。もっともらしく聞こえるが、銭秩序とはなにか、具体的にどういう現象をもってそれが安定したと判定するのか、については語られていない。史実を抽象化して説明することは必要だが、抽象化する前提にある具体的な史実を語ることもまた、歴史学は行うべきだ。

　先の例に近い説明として、銭の流通秩序が動揺したのに対し、市場が政府に統制を求め、その結果、政府が撰銭令を定めた、というものがある［川戸二〇一七］。これは比較的有益な主張である。市場の期待に政府が応えたという点で、話が具体的だからだ。そうだとして、誰かが行っている撰銭に対し、別の誰かがその規制を政府に求めたのはなぜか、その具体的な理由を語る必要がある。

　政府はなぜ撰銭令を定めたのかということについて、もう一つ考えるべき点は、政府自身の動機だ。撰銭を制御してほしいと人々が求めたとして、政府は退けることもできる。逆に、撰銭が頻発することが政府に不利益ならば、人々が求めなくとも規制することもあるだろう。つまり、政府が撰銭を規制するのは、政府もまた撰銭に関する利害関係者だったからだ。では、行政費用をかけてまで、撰銭を規制した理由はなんだったのか。

答えは一つでないかもしれない。後にみるように、撰銭令の内容はものによって異なる。これらは、銭に関する地域の事情の違いや、対処しようとした問題やそれを規制する側の動機の違いを反映していよう。

そこで、撰銭令それぞれの固有性という視角から法文を読み、それぞれの事例にこめられた意図を考えてみよう［高木二〇一〇］。なお、すべての撰銭令について語るとなると本書の紙幅を超えるので、事例の一覧は別表で示し、本論では主なものだけを取り上げる。

大内氏が撰銭令を定めた背景

中近世移行期の日本における撰銭令の最初の例が、文明一七年（一四八五）に大内氏が定めたものである。実は、中近世移行期の日本で定められた撰銭令の特徴が、この大内氏の法に凝縮されている。じっくりみてみよう。

まず、この撰銭令の背景を確認する。銭が不足したため、大内氏の領域で撰銭が頻発したらしい。銭が不足したのは第一章で述べた長期的な要因に加え、短期的な要因もあった。応仁・文明の乱に伴うものだ［橋本一九九八］。このころ、堺から琉球へ銭を輸出し（第一章）、博多の商人が琉球から銭を輸入していた（地理的にまわりくどい）。そこに応仁・文明の乱が起こり、堺を支配する細川《ほそかわ》氏と博多を支配する大内氏とが交戦した。乱中、細川氏は大内氏へ経済制裁を行うため、九州南部を支配する大名である島津氏に「琉球へ渡航する船のうち、細川氏の許可書を持たないものを追い戻し、積んでいる銭は京都にいる細川氏のもとへ送ってほしい」と依頼した。これにより、大内氏の領域で銭が不足するよう仕向けた。そして実際に銭の不足が促された。

撰銭が頻発したのは、中国の事情も関係していた。先に述べたとおり、一五世紀後半、中国で模造明銭に対する撰銭が起きた。これが日本、とくに中国や琉球などから銭を輸入する貿易港・博多を領有する、大内氏の領域にまで伝播した［本多二〇〇六、黒田二〇一四］。

このように、長期・短期両方の要因による銭不足と、中国で起きた明銭が嫌われる現象が、大内氏が撰銭令を定める背景にあった。

組成主義を採用する

大内氏は撰銭を放置してもよかったはずだ。にもかかわらず、規制したのはなぜか。この視点を意識しつつ、大内氏の撰銭令の内容をみてみよう。趣旨は次の三つである。

①大名への納税の支払いに使う銭種に関するガイドライン。段銭《たんせん》（田の面積に応じた税の一つ。銭で支払う）は撰銭を行ったうえで支払うこと（つまり基準銭で支払うこと）。ただし永楽通宝と宣徳《せんとく》通宝（明銭の一つ）は緡に二〇％まで混ぜてよい。

②貸借ならびに売買で使う銭種に関するガイドライン。利銭《りせん》（銭による利子付き融資）と売買では、永楽通宝または宣徳通宝を緡に三〇％まで混ぜてよい。「さかひ銭」（内実不詳）・洪武通宝・打平（無文銭。第一章）は使ってはいけない。

なおこの条項は、さかひ銭・洪武通宝・無文銭を「えらふへし《（撰ぶべし）》」、と記している。従来の研究はこれを「排除せよ」つまり「使うな」との意味で解釈してきたが、近年、等価値使用原則の対象から除く（例えば減価銭としては使ってもよい）と解釈すべきだ、という説が出た［中島楽章二〇一二］。本書では新説の当否は判定せず、さしあたり従来の解釈に従う。

宣徳通宝★

③米の売買に関するガイドライン。売り手は計量するときに不正してはいけない。売価を変えるときには大内氏政府へ報告すること。

これらの規定の歴史的な特徴をみてみよう。

①②は、このころ人々が嫌っていた永楽通宝と宣徳通宝を納税では二〇％、貸借や売買では三〇％までなら混ぜてよい、としている。基準銭と明銭の銭文を持つ銭とを無条件に等価にせず、非基準銭を混ぜてよい比率の限度を設けている。つまり、等価値使用原則の変則的な運用である組成主義を採っている。

組成主義にもとづく規定は、これより前の撰銭令にはない。実は大内氏のものより先に、具体的にいえば日本では古代に、中国にいたっては紀元前の秦代にも撰銭を規制する法があった［山田二〇〇〇、高木二〇一〇］（そのため大内氏のものを「中近世移行期の日本における撰銭令の最初の例」と表現した）。

これらは、人々が嫌った銭のうち特定のものを受け取れ、とだけ定めている。例えば、日本における撰銭令のうち、正真正銘の最初の例である和銅《わどう》七年（七一四）、つまり平城京に遷都したすぐ後、朝廷が定めたものをみるに、政府が発行した和同開弥は撰銭せず、受け取るよう強制し、私造銭は使うな、と命じた。

明も一五世紀後半、撰銭を規制する法（挑揀《ちょうかん》禁令という）をしばしば定めた（つまり日本とほぼ共時的に定めた）が、その最初の例である一四六〇年のものをみると、明の制銭である洪武通宝・永楽通宝・宣徳通宝に対する撰銭を禁じ、明より前の王朝（北宋など）の銭と同じように使え、と命じている。つまり、この法も組成を問題にしていない。

これに対して、先述のとおり、大内氏は組成主義を採った。組成主義は社会で通用していた慣行が先にあった。つまり、この条項は大内氏がゼロから思いついたものではなく、慣行をもとにしている。

大内氏は納税額のうち、部分的に基準銭以外の銭を使うことを許すにあたり、これを「地下仁《げにん》」つまり庶民に対する「ゆうめん」（宥免）、つまり寛大な処置と表現している。上から目線のいいようだが、ともかく、市場で基準銭が不足していたことに対応している。

改めて①をみるに、これは段銭、つまり税の支払いで銭を使うときのガイドラインである。納税で銭を使うときのことそのものに言及していることは、この撰銭令の特徴だ。古代日本の撰銭令は、平城京や平安京での売買で政府が発行した銭を受け取るよう、商人に対して促すものであり（後述）、納税で銭を使うときのことについては言及していない。これに対して、大内氏のものが納税に関する規定を持つのは中世の日本ならではの状況を反映している。一三世紀以降、荘園の年貢など領主への貢納を銭で支払うことが広まっていた（代銭納《だいせんのう》という）。

なお、段銭の支払いに関する規定を持つことから、大内氏の撰銭令を、納税でのガイドラインとしての側面を強調する向きがある［川戸二〇〇八］。これはこれで留保が必要だ。たしかにその要素も含むが、②③のように、納税以外で銭を使う場面についても定めている。

基準銭を求める理由

そこで②をみてみよう。貸借や売買で使う銭種の組成を定めているわけだが、非基準銭を混ぜてよい上限の率が①より高い。つまり、非基準銭の使用を貸借と売買ではより多く許し、納税ではあまり許していない。大内氏政府は非基準銭をあまり受け取りたがらず、基準銭をなるべく多く得ようと考えていることを、臆面もなく表現している。

大内氏が基準銭を求めたのはなぜか。

領外から物資を移入する、例えば戦略物資である材木を中国地方や四国から調達するため、大名の領域を越えて通用する基準銭を必要としたからだ〔藤木一九七四、本多二〇〇六〕。しかし、大内氏の領域で銭が不足した。そこで、収税で非基準銭を混ぜてよい比率の上限を低くし、基準銭をなるべく多く得ようとした。

これに対し、古代政府が銭を発行したのは、平城京や平安京建設といった政府事業を行うにあたり、物資の対価や労働者への賃金を支払うためだった。いいかえれば、人々に銭を押しつけて財やサービスを得ることが目的だった。撰銭令はこの回路を維持するため定められた（後述）。これに対して大内氏は、みずからは銭を発行せず、基準銭を人々からかき集めようとした。想定している銭の動きが古代政府の撰銭令と逆だ。

②で洪武通宝の通用を停止していることも目を引く。大内氏の領域は中国地方西部と九州北部だった。先にも述べたとおり、洪武通宝は本州側で嫌われ、九州では好まれた。大内氏が国内の遠隔地との交易に使う基準銭を求めたことから推測すると、その交易の主な相手は本州側であり九州ではなかったようだ。

②にある、貸借での銭の受け渡しに関する規定そのものも目を引く。これも古代日本の撰銭令にはない内容だからだ。①にある、銭で税を支払う行為と同じく、銭を貸借することが広まった、中世ならではの状況を反映している。

①②を改めてみるに、銭種だけを問い、模造銭であるかどうかを問題にしていない。日本産または中国産の模造銭（厳密には、明以前の王朝が発行した銭の銭文を持つ銭の模造銭）の通用を、大内氏は実質的に許しているようだ。

食糧を求める人々を保護する

次に③をみてみよう。米の売り手による不正を禁じている。つまり買い手を保護している。米の買い手を保護する態度は、大内氏以前の撰銭令にもみることができる。古代日本と明代中国のものだ［高木二〇一〇］。古代日本の朝廷が弘仁一一年（八二〇）と貞観七年（八六五）に定めたもので、政府が発行した新銭のうち、銭文が不明でも形を保っているものや小さな傷があっても通用にさしさわりないものは、米や綿（衣料の原料）の対価として受け取れ、と畿内と近江国の商人に対して命じた。

考古学的にわかっているように、九世紀には朝廷が発行する銭の品質は悪くなっていた。そのため撰銭が頻発した。政府が、発行した銭を受け取るよう商人に強制したのは、都市である平安京の住民が持つ銭で米や綿などが買えることを法で保証する、いいかえれば、都市に暮らす庶民が日常物資を得ることができるようにするためだった。

明代中国のものをみるに、政府は一四七二年、首都北京で米価が高騰したことへの対策として撰銭を禁じた。米価が高騰したのは、別の地域で食糧を軍隊へ支給したため、北京に米が入らなくなり、かつ撰銭が頻発したからだった。一四八〇年には、私造銭（模造銭）が市場に入ってきたため銭安になり、かつ撰銭が頻発したことで米価が高騰し、その対策として撰銭を禁じ、洪武通宝を使うよう促した。このように、これらの例はともに、首都など都市民の生活を保護するため、米価を安定させるとの目的を法文に記している。

撰銭が頻発すると、なぜ米価が高騰するのか、ということについては、補足説明が必要だろう。撰銭は、銭を排除すること、もしくは仕舞いこむことである。それが頻発すれば、銭の流通量を減らす圧力として働く。古典的な貨幣数量説からすれば、物価が下がるはずだ。にもかかわらず、米価が上がったのはなぜか。

次のような理屈で説明されている。撰銭は、銭の流通量を押し下げる。銭の流通量が少ない市場では米が売れないので、商人はそこへの供給を控える。すると米が不足する。その結果、米価が上がる［黒田二〇一四］。撰銭が頻発する市場では売買が成立しにくいので、商人はそこへは供給したがらなくなる。すると米が不足する。結果、米価が上がる、とも説明できる。つまり、一五世紀後半の中国では貨幣供給量を下押しする行為が古典的な貨幣数量説とは逆に、短期的には物価を引き上げたらしい。

改めて大内氏撰銭令の③をみてみよう。食糧売買に関するガイドラインであり、都市に住む家来を保護している。大内氏はこの撰銭令を定めた文明一七年以降、家来に対し、地元を離れ、大内氏の本拠である周防国山口《やまぐち》（現山口市）に住むよう命じた。すると山口で人口が増え、食糧への需要が増えた。山口に住む家来が銭で米を買うときに、③によって商人が計量で不正しないようにし、また②によって家来が持つ非基準銭の購買力を保証しようとしたわけだ。

戦国時代、食糧の売り手が撰銭を行ったことは、他の地域だが、例えば上野国《こうずけ》長楽寺《ちょうらくじ》（現群馬県太田市）の住職が残した日記の永禄八年（一五六五）の記事にみえる。このような場面で、商人が受け取ることを拒みがちな銭の購買力を保証した。この点は、古代日本ならびに明代中国の例と通じる。

同じく③にある、米の売価を大内氏政府へ報告せよ、との規定も同じ文脈である。行政機関が米価について、なんらかの管理をしようとしたわけだ。

銭が持つ購買力を保証し続ける

その後、大内氏は延徳《えんとく》四年(一四九二)に豊前国で、「悪銭」を使うな、悪銭を使った者を見つけたら、その者を捕えて銭を差し押さえ、大内氏政府へ報告せよ、と命じた。「悪銭」の定義は不詳だが、ともかく、なんらかの非基準銭の通用を停止した。

明応五年(一四九六)と永正一五年(一五一八)にも、文明一七年令に準じた内容の撰銭令を定めた。後者は、大内義興《よしおき》が永正五年(一五〇八)以来滞在していた京都から同一五年に山口へ帰った直後、つまり軍隊とともに帰還したのと時を同じく定めた。

軍隊が帰ってくると、その領域、とくに家来が住む山口で米の需要が増すので、米価が上がりかねない。それへの対応が永正一五年令だったらしい。つまり、都市民(この場合は家来)が求める商品に対し、銭が持つ購買力を保証する意図、すなわち古代日本の撰銭令と共通する意図は、文明一七年のものも含め、大内氏撰銭令の複数の例にあったわけだ。

なお、大内氏の撰銭令が定める、違反者への罰則は厳しい。「重科《じゅうか》」（重い罰。場合によっては生命刑すなわち死刑を指す）を科す、または所有地などを没収する、としている。撰銭を規制しようと強く考えていたからこそだろう。

ここまで、大内氏の撰銭令をみた。中国で撰銭が頻発した影響を受けて、日本でも頻発した撰銭と、長期・短期両方の要因で起きた銭不足を背景とし、段銭の支払いかたと銭の貸借のガイドラインという中世ならではの新しい要素と、商品の買い手が持つ銭の購買力を保証するという古代日本の撰銭令と共通する要素を併せ持つ。段銭のガイドラインは大名政府のもとに基準銭を集め、遠隔地交易での取引需要をみたすためのものであり、売買のガイドラインは商品とくに食糧の買い手が持つ特定の非基準銭（この場合は永楽通宝と宣徳通宝）の購買力を保証するためのものだった。

大内氏と室町幕府の撰銭令の共通性

ここからは、一六世紀日本の主だった撰銭令のその他の例を、内容ごとに整理する。

まず、古代日本の撰銭令と共通する性格を持つものをみてみよう。特定の非基準銭が持つ

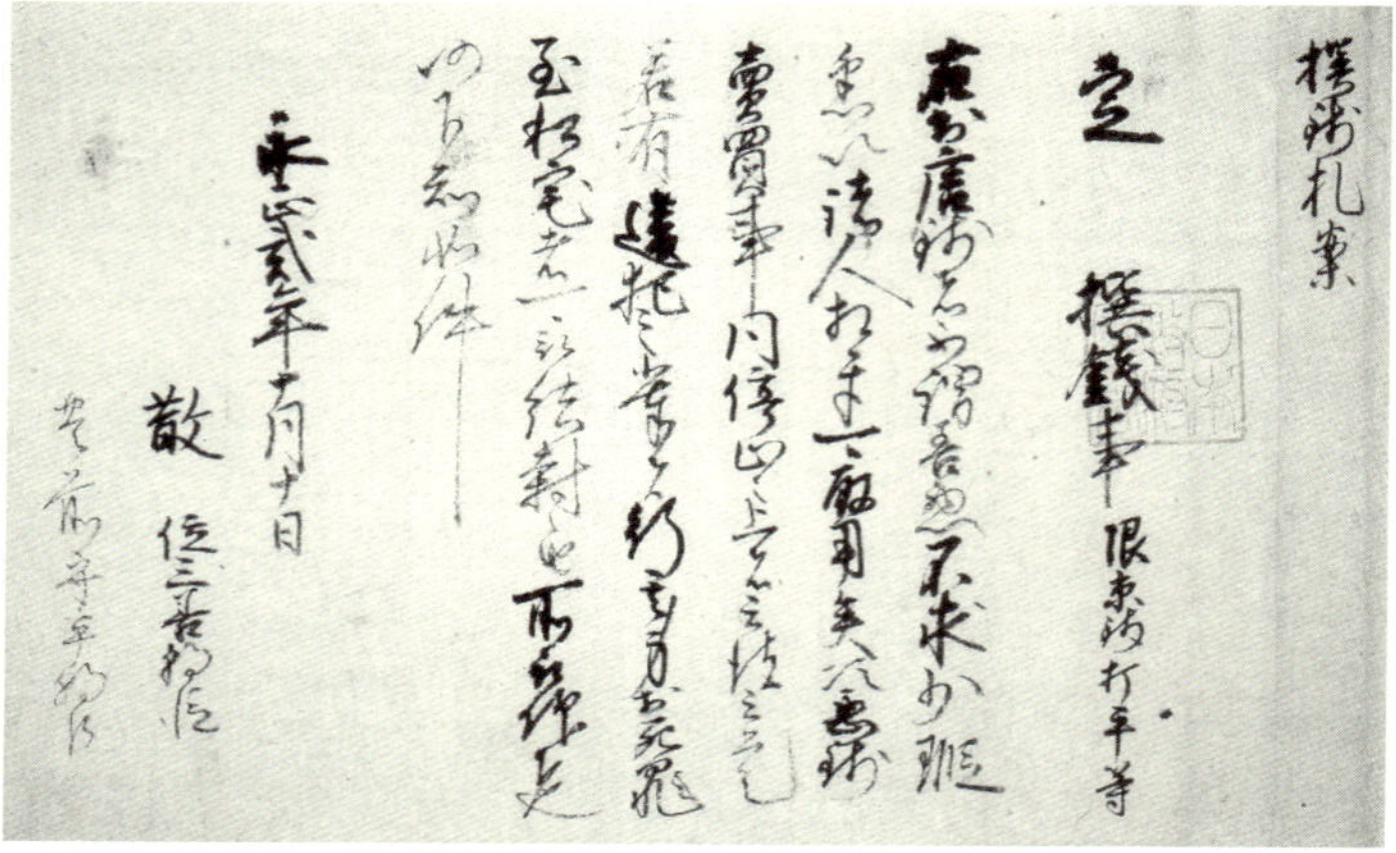

室町幕府の撰銭令（永正２年〔1505〕、国立公文書館蔵、画像提供：国立歴史民俗博物館）

購買力を保証し、食糧などの売買で買い手を保護する、または商品の名目価格を上げさせないようにするもの、である。

代表例が室町幕府の撰銭令である。室町幕府は明応九年（一五〇〇）から天文一三年（一五四四）まで複数回にわたり撰銭令を定めた。当初は中国でつくった銭、すなわち北宋銭など明以前の中国王朝が発行した銭、そして明の制銭である永楽通宝・洪武通宝・宣徳通宝の通用を無制限で許した（日本でつくった模造銭や無文銭の通用は禁じた）。つまり単純な等価値使用原則を採った。

永正三年（一五〇六）のものから規定が変わる。京銭（日本産の模造銭のうち無文銭と破損銭を除くものか。第一章）・打平（無文銭）は排除し、輸入銭のうち永楽通宝・洪武通宝・宣徳通宝、そして破銭は一〇〇枚のうち三二枚（九七文省陌のほぼ1／3）まで混ぜることを許した。つまり、等価値使用原則の変則的な運用である組成主義を採った。

銭種に関する規定以外の内容をみてみよう。最初のものすなわち明応九年令は「商売輩《ともがら》以下」つまり商人を対象とし、非基準銭を受け取るよう強制している。つまり売り手が撰銭することを規制し、買い手を保護している。

16世紀ごろの米の小売商人（『七十一番職人歌合』、東京国立博物館蔵　Image: TNM Image Archives）

永正三年令は米場《こめば》へ伝えている。米場とは、京都の三条《さんじょう》と七条《しちじょう》にあった米の卸売市場であり、特定の米商人が構成していた。室町幕府は永正年間に、京都へ入ってくる商品米はすべて米場を通すよう命じ、京都にいる米の小売商人へ直接渡ることを禁じた。米場を構成する商人に対し、小売商人へ米を独占的に供給する特権を与えたわけだ。

撰銭令に従うよう米場に求めたのは、撰銭を規制する相手として米場の商人を想定していたからだ。これは、米場の商人から銭で米を仕入れる小売商人を保護することにつながる。小売商人が米を仕入れるときの費用が下がれば、小売商人が消費者へ適正な価格で米を供給することにもつながる。

買い手を保護する姿勢は、商品の価格を上げさせないようにする規定にもみえる。例えば、永正六年(一五〇九)の撰銭令は、撰銭をきっかけとして、商品の価格を引き上げることを禁じた。

撰銭令を定めた時期も興味深い。室町幕府は撰銭令を、軍隊が京都に入ったり、戦争が起きる直前、あるいは飢饉に際して定める傾向がある。列挙すると、明応九年(一五〇〇)令—細川政元《まさもと》の河内国《かわち》(現大阪府)派兵(細川政元は管領《かんれい》家出身。管領家とは室町将軍の補佐職を代々継ぐ家のこと)、永正二年(一五〇五)令—細川政元の河内国派兵、永正三年(一五〇六)令—細川政元の若狭国《わかさ》(現福井県)・大和国派兵、永正五年(一五〇八)令—足利義稙《よしたね》(一〇代室町将軍)・管領家細川高国《たかくに》・大内義興とその軍隊の入京、永正九年(一五一二)令—飢饉、天文一一年(一五四二)令—足利義晴《よしはる》(一二代室町将軍)・管領家細川晴元《はるもと》とその軍隊の入京、である。

戦争や飢饉と撰銭令とは、どのように関係するのか。

戦争や飢饉が起こると、食糧の需給にゆとりがなくなる。買い手は食糧をなんとしてでも得るために、非基準銭までをも持ち出して、交換手段として使おうとする。これに対して売り手は、食糧の名目価格を上げる場合もあれば、銭を選別する基準を厳しくすることで、実質的な価格を上げる場合もあっただろう。そこで、食糧の需給にゆとりがなくなる、またはそうなりそうな時期に、その価格を上げさせないようにすることを含め、室町幕府は買い手を保護するために撰銭令を定めた、と考えることができる。これは大内氏の撰銭令と通じる。

一五世紀後半の中国では撰銭が食糧価格の高騰を生んだが、一六世紀前半の日本では食糧不足が撰銭を生み、それへの対応として室町幕府は撰銭令を定めた。双方の因果関係が逆なのが興味深いが、もしかすると商品不足・価格上昇と撰銭は、それぞれともに因であり、果でもあるのかもしれない。ここは今後も考えるべき論点である。

戦争と飢饉が撰銭令を促す

商品とくに食糧の買い手を保護する姿勢は、このほかの撰銭令にもみられる。その一つが、近江国を本拠とする大名である浅井長政のものだ。永禄九年（一五六六）、浅井長政は、破銭と打平（無文銭）以外はすべて基準銭として等価で通用させる、との法を定めた。つまり単純な等価値使用原則を適用した。

この法は、この法を公布したことをきっかけに商品一般の価格を引き上げることを禁じた。

とくに、馬借《ばしゃく》（馬を使う運輸業者）が米の供給量を調節すること、例えば、供給を止めることで米価を操作することを禁じた。

　同じく商品の価格を上げないよう命じたのが、浅井長政と同じ永禄九年、細川昭元《あきもと》（細川管領家の家督）の配下にいた官僚の名で二回にわたり公布されたものだ。京都とその周辺地域を対象にしたこの法は、このころ京都を占領していた阿波国《あわ》（現徳島県）出身の大名、三好《みよし》氏の政権による立法である。宣徳通宝・新銭・洪武通宝・恵明《えみょう》（内実不詳）・破銭・欠銭《かけぜに》（欠損がある銭）は使ってはいけない（ただし欠銭のうち、縁が少し欠けた程度のものは使ってよい）とし、これら以外の銭の通用を許した。つまり、これも単純な等価値使用原則を適用している。この法は、撰銭をきっかけに商品価格を引き上げてはいけない、この法ののちに不売を行う商人は座《ざ》（同業者組合）から追放せよ、とも命じている。

浅井長政像（東京大学史料編纂所所蔵模写）

　商品とくに食糧の買い手を保護するが、これらと趣旨が異なる例が、和泉国日根荘《ひね》（現泉佐野市）の撰銭令である。

永正元年（一五〇四）、日根荘に滞在していた当荘の領主である九条政基《くじょうまさもと》は、当地の上層農民の要請をうけて撰銭令を定めたことを、日記に書き残している。その趣旨は、①村内にある米・麦を他の郷の商人へ売ることを禁じる。②永楽通宝を混ぜてよい比率の上限は二〇%とする。③破銭・今銭・洪武通宝を使うな、という三つである。

この法には「永楽通宝は従来、通用してきたものであるにもかかわらず、最近は排除されている。これはあってはいけない」という趣旨の文言がある。永楽通宝が嫌われる現象が、この法を定めたときから近い過去に始まっていたことがわかる。一四八〇年代、大陸と、日本の中国地方西部から九州北部にかけて、共時的に起きた明銭が嫌われる現象が、遅くとも一六世紀の初めには和泉国まで伝播していたわけだ。この状況に対して、この撰銭令は②にあるように等価値使用原則の変則的な運用である組成主義で対処している。

注目すべきが、①にある米・麦の移出を制限する規定である。その背景には、戦争と飢饉がある。このころ、当地の周辺で、和泉国守護である細川氏と根来寺《ねごろじ》（現和歌山県岩出市）が交戦していた。根来寺は一宗教団体であるにとどまらない、いわゆる僧兵を抱える武装政治勢力であり、紀伊国《きいのくに》（現和歌山県）北部から和泉国南部にかけて、行政的に影響力を持っていた。また、この法の前年から飢饉が起こっていたが、この法を定めた旧暦五月は麦の収穫期だった。つまり、飢饉から回復するきざしがみえる時期だった。

①で他郷の商人へ米・麦を売ることを禁じたのは、村落の上層部（立法を九条政基へ求めた主体）で米・麦を売買する商人を兼業する者が、一般村民から独占的に仕入れるためだった。需要を独占すれば、売り手すなわち彼ら以外の村民に対して、価格交渉で有利になる。あるいは、食糧不足が緩む見通しが立ったときに、自分の村の食糧を確保する意図もあったかもしれない。加えて、永楽通宝を条件付きで受け取るよう一般の村民に強いることで、村落上層部が持つ銭の購買力を保証しようとした。

まとめるに、ここまで紹介した撰銭令は、食糧などを売買するときに、買い手が持つ銭の購買力を保護することを意図していた。ただし、古代日本・大内氏・室町幕府のものが、保護する対象を食糧の最終的な消費者としたのに対し、日根荘のものは、消費者に食糧を売る商人とした。撰銭令の方向性はものにより異なっていたわけだ。

納税と貸借について規定する

次に、古代日本の撰銭令とは異なる、新しい要素、納税と貸借を含むものをみてみよう。まず、納税（撰銭令を定めた政府からすれば収税）の支払いに関するガイドラインである。大内氏のものに加え、京都東福寺《とうふくじ》や後北条氏のものがある。

東福寺は天文一四年（一五四五）、支出銭・年貢銭・祠堂銭（第一章）を受け渡すにあたり、緡銭のうち永楽通宝は一〇％まで使うことを許し（つまり組成主義を採っている）、新銭や洪武通宝などを使うことを禁じた。後北条氏のものについては後述する。これらの例には収税者が基準銭を強く好む傾向がみられる。基準銭に対する彼ら自身の需要をみたすため、領域のなかから回収しようとしているわけだ。銭で納税するときのガイドラインを含むのは、先に述べたとおり、納税の支払手段に銭を使うことが、中世において広まっていたことが背景にある。

古代日本の撰銭令にないもう一つの新しい要素が、銭を貸借するときのガイドラインである。大内氏の撰銭令に加えて、室町幕府、細川氏・三好氏、浅井長政のものがある。

室町幕府による永正三年の撰銭令は、米場に加え、酒屋と土倉に対しても法を守るよう求めている。酒屋と土倉はその名の通り、酒造業と倉庫業である。併せて金融業を営む者が室町時代には多かった。

つまり、室町幕府の撰銭令は金融業者も規制の対象にする、銭を貸し借りするときのガイドラインでもあった。なお、酒屋を対象にしているのは、銭で米を売買する時のガイドライン（酒屋は酒造米の大口需要者である）という意味もある。

また、細川氏・三好氏の撰銭令も、銭の貸借に関する規定を持つ。いわく、債務を弁済するときは、元本額は借りたときの銭種で、利子はこの法にある銭種の規定にもとづいて支払え、と命じた。そして、浅井長政の撰銭令も金融業者の営業に関する規定を持つ（後述）。銭の融通を広く行った中世ならではの状況を反映している。

このように、一五～一六世紀日本の撰銭令は、それぞれ固有の性格を持つ。大きくまとめるに、次の三つの要素のうち、どれかを持つものが目立つ。

①商品の買い手が持つ銭の購買力を保証するもの。
②銭での収税に関するガイドライン（基準銭支払原則）で立法者の財政需要によるもの。
③銭の貸借に関するガイドラインで、どちらかというと債務者を保護するもの。

①は古代日本の撰銭令にもあり、②③は古代日本の撰銭令にはない。これら三つの要素は相互に排他的ではなく、複数の要素をあわせ持つものもある。中近世移行期の日本における撰銭令の初例である大内氏の文明一七年令が、そもそもそうだった。

大内氏の撰銭令が厳しい罰則を持つことを先に述べたが、他の撰銭令も同様だった。室町幕府は生命刑（死罪）・身体刑（指を切断する）または財産刑（私宅を没収する）を定めている。浅井長政そして細川氏・三好氏も「重科」または「厳科《げんか》」（重科と同じく生命刑を指すことが多い）としている。撰銭を規制する強い意志を各政府が持っていたからこそだ。

その背景には、撰銭を治安問題として扱う政府の姿勢がある。室町幕府は永正三年、禁止対象を列挙するなかで、窃盗・放火・辻斬り（往来での殺傷）・喧嘩《けんか》・相撲（えてして乱闘になる。観客も含めて）・博奕《ばくえき》（バクチ）・踊《おどり》とともに、撰銭を掲出している。つまり、治安を乱す行為のひとつとして、撰銭を挙げている。

撰銭令は「人々の期待への対応」？

ここで、撰銭令に対する先行研究の評価について改めて考えてみる。

撰銭令の意図について、市場の期待への政府の対応だった、という説があることについて先に触れた。この説の発展型として、特定の銭種の流通を強制し、通用する銭を標準化することで取引費用を減らそうとしたものであり、これは政府が強制することを商人が期待したことへの対応だった、と語る向きがある〔西谷／早島／中林二〇一七〕。基準銭ならびに排除の対象にする銭の定義は地域などで異なった（先述）。京都は納税などで各種の銭が各地から集中するので、銭を受け渡すときの基準を公に示すよう商人が政府に求め、政府は撰銭令を定めた、という理屈だ。この説について、検討してみよう。

この説が前提とする状況認識、つまり排除するかどうかの判断が人によって異なる銭が京都に集中したということ、これは正しい。しかし、撰銭令を定めたことで取引費用が減ったとしても、それはあくまで結果論だろう。立法者の目的が、財政的な需要をみたすことにあった例も多いからだ。日根荘の撰銭令のように、商人を兼ねる村落上層部が求めたものは確かにある。この例は取引費用を減らすためといっても、村落の商人層が戦争や飢饉に際して、穀物をローカルな市場で独占的に仕入れて利益を得ようとする、ごくミクロな面からの戦略にもとづいていた。

また、取引費用を減らすため、撰銭令を定めるよう人々が政府に求めた例として、後北条氏の撰銭令がある。ただし、求めたのは商人ではない。商品の買い手である。

永禄三年（一五六〇）に後北条氏は、借りた銭や米などの返済を免除するなど、徳政を行った。これは、百姓層からの請願を認めたものだった。これにあたり、ある僧が後北条氏政府に対して上申したことが記録に残る。いわく、「後北条氏の家来たちが撰銭を行っている。非法であり言語道断だ。最近は永楽通宝を使ってその他の銭を嫌うので、必要な物資にこと欠き、人々が教化を怠ることになる。銭の善し悪しをいとわず、人々が必要とする商品の売買が円滑になることが必要だ。」［久保二〇一五］。

関東では、永楽通宝が好まれ、他の種類の銭を嫌う傾向が売買を成立させにくくし、そのため必要な商品を庶民が得ることができず、その状況を政府が改善するよう期待し、具体策として永楽通宝以外の銭を受け取るよう、強制する立法を求めた、というわけだ。撰銭を沈静化させるよう庶民が大名へ求めたことと、そしてその理由を具体的に語っている点で、貴重な記録である。なお、後北条氏による永禄七年（一五六四）の撰銭令には、撰銭のため「諸百姓」が「迷惑」していることへの対応であると、法文に明記されている。

このように、後北条氏の撰銭令には、取引費用を減らす目的があったが、保護する対象は商人でなく、商品の買い手である庶民だった。撰銭令が取引費用を減らすことを目的とした といっても、事例によって保護する対象が異なり、利益を導く方向は商人に限らなかった。だから、それぞれの撰銭令が固有の性格を持つことを想定して、政策の意図を復元する態度が研究者には必要だ。

撰銭令が語る一六世紀半ばの銭不足

撰銭が頻発したのは、銭が不足したことが一因だったが、撰銭令の文言からも、定められたころに銭が不足していたことがわかる。とくに一六世紀半ばに顕著である。

まず、興福寺の撰銭令である。繰り返しになるが、興福寺は奈良の一寺院というだけでなく、大和国の守護でもあった。だから、興福寺が定めた撰銭令は単なる経理の内規ではなく、大和国そして都市奈良の行政権力として定めた法である。

興福寺による天文一一年（一五四二）の撰銭令は、新銭（日本産の模造銭）と破銭以外の撰銭を禁じた。

組成については、永楽通宝と古銭と合わせて受け渡し額の五〇％まで、残り五〇％は「金銭」（内実不詳。素材が金の銭ではないらしい）を使うように命じた。組成に占める古銭の比率は、永楽通宝と「金銭」の合計より少ない。一五世紀末から一五四〇年代にかけての大内氏や室町幕府の撰銭令が、基準銭を組成の七〇％以上求めていたことに比べて古銭に関する基準が緩く（少なくてよい）、非基準銭に関する基準も緩い（多くてよい）。北宋銭など従来、人々が好んできた古銭の流通量が減っていたので、このように定めたのだろう。

同じ一五四〇年代には、先に述べたとおり、室町幕府（天文一一年）そして東福寺（天文一四年（一五四五））も撰銭令を定めた。東福寺は、緡銭のうち永楽通宝を一〇％まで使うことを許し、新銭・磨《すり》（摩耗）銭・恵明・洪武通宝・宣徳通宝・破銭・欠銭・粗悪な古銭などの使用を禁じた。室町幕府や興福寺の撰銭令より基準が厳しいものの、一五四〇年代に畿内の各政府が共時的に撰銭令を定めたのは、共通して銭の不足があったからだ。

その後、一五六〇年代の半ばにも、畿内とその周辺地域の各政府が複数の撰銭令を共時的に定めた。この背景にも共通して銭の不足があった。

事例をみてみよう。まず興福寺のものである。永禄八年（一五六五）、新銭・破銭・欠銭・「コロコロ」（ころ、すなわち日本産の模造洪武通宝か）・宣徳通宝・裏に字がある銭（中国の制銭でも裏に字があるものとないものとがある）・文字がみえない銭（無文銭？）を使うな、と命じた。逆にいえば、ここに挙げられている以外の銭の通用を、条件を付けずに許したわけだ。単純な等価値使用原則である。

明銭については、宣徳通宝の使用を禁じているが、興福寺の天文一一年令と異なり、永楽通宝についての規定はない。つまり、永楽通宝の通用を許している。使用を禁じる対象が宣徳通宝と入れ替わったものの、従来、人々が嫌っていた永楽通宝の通用を解禁したことに、規制を緩める方向性がみえる。なお、興福寺は永禄一〇年（一五六七）にも内容は不詳ながら、銭に関する法を定めた。

これら興福寺の例と同じころ、永禄九年、先に述べたとおり、浅井長政ならびに細川氏・三好氏も撰銭令を定めた。興福寺と同じく、組成主義でなく、単純な等価値使用原則を適用している。

話の都合上、細川氏・三好氏のものを先にみるに、宣徳通宝と洪武通宝の使用を禁じるが、永楽通宝については規定がない。つまり、永楽通宝の通用を無条件で許している。一五四〇年代、興福寺や東福寺が永楽通宝の通用を制限したことと対照的だ。興福寺の永禄八年令もそうだが、一五六〇年代の畿内では、永楽通宝の通用を解禁する方向に転じた。従来、人々が嫌ってきた永楽通宝の通用を許さなければ、銭に対する人々の需要をみたすことができない、つまり、売買が成立しないほどに銭の不足が深刻だったようだ。

浅井長政の撰銭令は、単純な等価値使用原則を適用するのは興福寺の永禄八年令や細川氏・三好氏のものと同じだが、破銭と無文銭以外をすべて等価値で通用させている。通用を許す範囲がより広い。そうせざるをえないほど、銭の不足が深刻だったようだ。

浅井長政が領有する近江は、畿内・東海・中部内陸部・北陸を結ぶ交通路がつながる地域だった。つまり、銭の使用に関する秩序が異なる地域が結節していた。各種の銭の交換相場を設定するより、すべて等価値にするほうが実務が簡易で、取引費用が低くなる(それぞれの銭の価値をいちいち計算しなくてよい)。だから、特定の最低品質銭以外すべてに対して単純な等価値使用原則を適用したのではないか。つまり、近江国の経済地理上の特性が、浅井長政に単純な等価値使用原則を採らせた、と筆者は考えている。

ただし、この政策には問題がある。特定の最低品質銭以外すべてを基準銭にするので、そのように扱っていない地域から非基準銭を移入し、当地で基準銭と等価で交換し、基準銭を他地域へ移出する人が現われかねない。また、他の地域で非基準銭扱いのものが当地で基準銭として通用するのならば、他地域の非基準銭を優先して受け渡し、基準銭を仕舞い込む人が現われかねない。悪貨が良貨を駆逐する逆選択が起こるわけだ。

そういう危険があったとしても、通用を許す銭種をここまで広げないと領域内での銭に対する需要をみたせない、いいかえれば、売買ができないほど銭の不足が深刻だったからこそ、浅井長政はこの法を定めた。なお、基準銭が領外へ流出する危険性は彼自身もわかっていた。同じ撰銭令では、彼が本拠とする小谷《おだに》（現滋賀県長浜市）に住む他国出身者や、他国と往来する商人が、その出身国へ基準銭を移出することを禁じている。

浅井長政の領域で銭が不足していたことは、この法が、金融業者に、銭を顧客に貸すよう促していることからも察することができる。具体的には、質屋に対して、質物の受け取りを拒んではいけない（銭の貸与を断ってはいけない）、銭がないならば期限を示したうえでその期間内は質を取らない（銭を貸さない）ことを周知せよ、質物を安く受け取ってはいけない（適切な額の銭を貸せ）、と命じている。金融業者のもとにさえ、融通する銭が充分にないと浅井長政が認識していたからこそ、これら規定を入れたのだろう。債務者になりうる庶民（借りた銭で商品を買ったり税を支払う）を保護する姿勢もみえる。

このように、一五六〇年代半ばに畿内とその周辺地域の各政府が定めた撰銭令は、銭が不足するなか、銭を選別する基準を緩めたり、融通するよう金融業者に促していた。

関東地方で永楽通宝が不足する

ここまで畿内とその周辺地域をみてきたが、関東でも銭は不足していた。ただし、撰銭令にみえる様子はやや異なる。先に述べたとおり、関東は永楽通宝を好んだが、それが不足したことが地方政府にとって問題となった。

記録で確認できる限りで、東日本における最初の撰銭令は、下総国《しもうさ》結城《ゆうき》（現茨城県結城市）を本拠とした大名である結城政勝《まさかつ》が、弘治《こうじ》二年（一五五六）に定めたものである。結城政勝は永楽通宝だけを通用させせようとしたが、家来と協議した結果、「悪銭」の定義（内実不詳）を公に示し、それ以外を撰銭することを禁じた［中島圭一 一九九二］。永楽通宝だけの通用を提案したのは、このころ当地の人々が永楽通宝を好んだからだろう。それを撤回したのは、そうはいうものの、現実には永楽通宝が不足していたからだ。

同じ関東の後北条氏が銭に関して定めた法、とくに収税に関するガイドラインにも、銭なかんずく永楽通宝が不足していたことがみえる［川戸 二〇〇八、高木 二〇一〇］。

記録で確認できる限りで、後北条氏が銭に関して定めた最初の法が、天文一九年（一五五〇）以前に公示したものである。懸銭《かかりぜに》（銭で納める税目の一つ）を支払うにあたり四種類の

「悪銭」（内実不詳）を使うことを禁じた。永禄元年（一五五八）には「大かけ《（欠）》」・「大ひゝき」（破銭）・打平（無文銭）の三種類、つまり、品質が最低レベルの銭を使うことを禁じた。また「地悪銭」（前出。日本でつくった模造銭？）について、一〇～二〇％までは混ぜてよいが、三〇％はダメ、と命じた。

永禄二年（一五五九）、銭で支払う年貢について、額のうち二五％は「中銭《ちゅうせん》」（地悪銭の一部）で支払うことを許した。また、永禄三年（一五六〇）には納税に加え、売買も対象にし、受け渡す額のうち三〇％まで中銭を混ぜることを許している。そして永禄七年（一五六四）になると、排除対象とする三種類の銭と基準銭とする四〇～五〇種類の銭を定義した（内実不詳）うえで、棟別銭《むなべつせん》（家屋単位で課す税）と懸銭は基準銭で支払うよう命じた。

さらにこの法は、先に述べたとおり、撰銭に伴い百姓が迷惑していることを解消するためとの名目で、段銭は米で、夫銭《ぶせん》（肉体労働を奉仕させる代わりに課す税）は米や雑穀で支払うことを許した。永禄九年（一五六六）には棟別銭を金・米・漆・綿で支払う場合の換算比を、永禄一〇年（一五六七）には懸銭を米・麦・金で支払う場合の換算比を定めた。永禄一一年（一五六八）には棟別銭につき、基準銭だけでは「手詰《てづまり》」、つまり足らないだろうから、金や米を混ぜて支払ってよい、と法に明記した。天正九年（一五八一）には段銭の納付額を基準銭建てで定めたうえで、支払いは米で行うことを原則とし、金・永楽通宝・絹布・麻・漆などで支払うことも許した。

これらの例から、時期が下るにつれて、銭の不足が深刻になっていったことがわかる。永禄二年・同三年には中銭を混ぜてよい比率をだんだんと緩め、基準銭の比率を下げた。永禄七年から同一〇年にかけても、基準銭を使うことを原則としたうえで、銭以外で支払うことも許し、また、銭以外で支払うことを許す税目と支払手段の範囲を広げた。天正九年には基準銭での納税を求める原則そのものをやめた。永楽通宝を支払手段の一つに挙げたのは、銭が不足していたなかで超精銭化した永楽通宝を求めたからだった。

このように、後北条氏は銭が不足するなか、組成における基準銭の比を減らし、基準銭以外のものを使うことも許した。一五四〇年代ならびに六〇年代の畿内とその周辺地域の各政府と同じように行動していたわけだ。

撰銭令が語る銭不足の地域差

さて話は戻るが、一五四〇年代前半と一五六〇年代半ばとの間の西日本では、撰銭令の事例が確認できない。記録がないことは、史実としてなかったということを必ずしも意味しないが、一五四〇〜五〇年代に入ると、中国から日本へ私造銭が活発に輸入されて銭の不足が緩んだ［橋本一九九八、中島楽章二〇一二、黒田二〇一四］ので、西日本の各政府は撰銭令を定めなくなったらしい。

銭の輸入が活発になった背景に、日本で起きたシルバーラッシュがある。銀は一五世紀以前の日本では対馬国《つしま》（現長崎県）を除いて採れず、中国や朝鮮半島などからの輸入に頼った。一六世紀に入ると、一五二〇年代に開かれた石見《いわみ》銀山（現島根県大田市）をはじめ、日本各地で銀山が開発された。すると、銀の供給が増え、銀の価格が下がり、銀安・銭高になった。対する中国は、一五世紀に銀財政を導入してから（第一章）銀への需要が増え、銀高傾向だった。また、明は一五五四年、北宋など旧王朝の銭の法定価格を下げた。これらが合わさって銀高・銭安に振れた。だから日本は、銀を輸出して銭を輸入すると利益が出るようになった。そのため、銭とくに旧王朝の銭の輸入が活発になった。

熙寧元宝★

元祐通宝★

このころ、中国福建産の模造銭も多く輸入された。一五二〇～七〇年代の福建で元豊通宝・熙寧元宝・元祐《げんゆう》通宝（以上すべて北宋発行）などを私造していたことが中国の記録にある。中国の民間はこれを貨幣として使い、かつ日本へ輸出もした。この三つの銭種は、日本で出土した銭の総数の上位二・三・四位である。ということは、日本で出土するこれらの銭は、福建で模造したものを含む可能性がある。

一五六〇年代に入ると、日本の銭の輸入量が減った。銭の輸入を主に担った倭寇《わこう》すなわち密貿易商人の活動が沈静化したからだ。結果、一五六〇年代半ばの畿内とその周辺地域で銭が不足し、各政府は撰銭令をたびたび定めた。

一六世紀半ばの堺で、専業的に銭を模造する工場が稼働した（第一章）のも、この銭不足が背景にある。一六世紀半ばに銭が不足したことは、不動産（田地）の単位面積あたり名目価格が下がる傾向にあったことからもわかっている［貴田二〇一七］。

なお、関東では状況が異なる。結城政勝の法ならびに後北条氏が銭に関して定めた法の初見が、ともに一五五〇年代であることは、このころ関東で広く共時的に銭が不足したことを示している。つまり、一五五〇年代に畿内とその周辺地域では銭の不足が緩んだが、関東はその状況にあずかることができず、不足が深まっていた。一五五〇年代に銭の不足が一時的に緩んだのは、せいぜい西日本だけだったようだ。

人々は撰銭令に従ったのか

ここまでみてきたように、各政府はさまざまな目的で撰銭令を定めた。しかし、人々がそれに従ったかどうか、それはまた別の話である〔高木二〇一〇、本多二〇一七〕。

大内氏の延徳四年令は、近年、悪銭の使用を禁じたにもかかわらず、いまだ人々が売買で使っているので改めて禁じる、という趣旨の文言を持つ。浅井長政の撰銭令は、以前定めた撰銭令を人々が守らないので再び布告する、という趣旨の文言を持つ。細川氏・三好氏は永禄九年三月に撰銭令を定めたが、同年一二月に再び布告した。これに、先の撰銭令に対しとかく違反しがちだ、と記している。法が機能しなかったことを、立法者みずからが告白しているわけだ。室町幕府が同じような内容の撰銭令を複数回定めたのも、戦争や飢饉が起こるたび布告した、ということもさることながら、人々が従わないのでクドクド繰り返した、とも解釈できる。

このことに関連する議論がある。一六世紀半ば以降には名目物価が上がっていったのだが、原因を撰銭令に求める説がある〔神木一九八〇、高島／深尾／西谷二〇一七〕。撰銭令は非基準銭を使うよう強制したが、人々がこれを守ったので銭の流通量が増え、その結果、古典的な貨幣数量説に従って名目物価が上がった、との理屈だ。

しかし、浅井長政の例などが示すように、人々は、このころの撰銭令を往々にして守っていない。名目物価が上がった要因は撰銭令ではなく、日本でつくった模造銭の供給が増えたことや、戦争に伴い商品の需要と供給のバランスが悪くなったことなど、撰銭令が定められたこと以外の史実に求めるべきだろう。

銭があれば戦争ができる社会

撰銭令のなかには、軍隊が銭で食糧を買うときの購買力を保証することを目的にしたものがあったが、これに関して、このころ銭で戦争を遂行した実情を示す記録を紹介する［高木二〇一〇］。

大永《たいえい》七年（一五二七）、細川晴元らが将軍足利義晴に対して反乱を起こした。義晴は、京都近郊での会戦（桂川《かつらがわ》合戦）に敗れ、京都から近江国へ逃れた。この会戦に、義晴側として畿内とその周辺地域の守護らが従軍した（若狭国守護武田《たけだ》氏・河内国守護畠山《はたけやま》氏・近江国守護六角《ろっかく》氏・越前国の有力者朝倉《あさくら》氏）。京都へ来ないまでも、みずからが管轄する地域の近くで反乱軍と交戦する守護もいた（播磨《はりま》国［現兵庫県］守護赤松《あかまつ》氏・伊勢国守護北畠《きたばたけ》氏・但馬《たじま》国［現兵庫県］守護山名《やまな》氏・丹後《たんご》国［現京都府］守護一色《いっしき》氏）。参戦した守護の頭数からすれば、一〇代室町将軍だった足利義稙が一四九〇年代初めに近江国と河内国へ出兵したとき以来の大規模な動員である。

義晴は、味方についた守護らに対して、褒賞《ほうしょう》する旨の書状を出した。そのなかに、能登国守護の畠山義総《よしふさ》へ宛てて、銭一〇万疋つまり一〇〇〇万文を受け取った旨を報告し、感謝の意を伝えたものがある。畠山義総は従軍する代わりに、将軍である足利義晴へ銭を贈り、それに対して義晴が褒めたわけだ。

このことは、なにを意味するのか。

一つは、銭を使って戦争が行える状況だったということだ。畠山義総が足利義晴へ銭を上納したのは、兵を雇ったり、食糧や武器など戦争に必要な物資を調達するために銭が使われることを想定していたということだろう。実際、応仁・文明の乱のころから、戦争で傭兵を活用することが目立っている［呉座二〇一四］。また、大内氏や室町幕府の撰銭令が示していたように、当時の政府は、食糧をはじめとする軍需物資を銭で調達した。こういった状況が背景にあって、畠山義総は、足利義晴に銭を贈った。

足利義晴像（京都市立芸術大学芸術資料館蔵）

足利義晴の礼状は、自身が近江国に逃れたことを記している。これは、畠山義総は銭を送った時点で、そのことを知らなかった、または知りえなかったことを意味する。つまり、畠山義総が銭を贈ったのは、足利義晴が京都から退く前であり、京都で戦う義晴の戦費の足しになることを想定して贈った、と解釈できる。京都では、銭を使って戦争を行える、と畠山義総が認識していたわけだ。

もう一つが、封建的主従制の質が変わっていることだ。畠山義総が実際に従軍せず、銭だけ支払って済ませても、主人である足利義晴は、少なくとも文面上は怒っていない。中世の日本では「一所懸命」の語が示すように、領地を与えられた従者が主人に果たすべき義務は、場合によっては戦争などで死をもって果たすべき（「命」を「懸」ける）ものであるという、無制限で、定量化することが難しいものだった。しかし、畠山義総は銭での支払いで代替させるという、定量化できる方法で行い、足利義晴もそれを許し、褒めている。将軍を主人とする封建的主従制のありようが、かつての時代と変わっていることが表われている。

従者が奉仕を定量的な方法で行うことの延長線上に、主従関係そのものを定量化するしくみが一六世紀後半にできる。従者へ与える領地の評価額と従者が果たすべき軍事上の負担（軍役《ぐんやく》）を米建てで基準を示して定量化した。石高制だ［高木二〇一〇］。つまり畠山義総のエピソードは、石高制という、近世の日本における封建制度の根幹にある、主従関係を定量化するシステムが生まれることを予告するものだった（第三章で再論）。

このように、足利義晴の書状からは、このころ銭で戦争を行えたことや、封建的主従制の質が変わってきていたことがわかる。

銭を階層化させる慣行に政府が乗る

　ここからは、銭が不足したために起こった二つの現象のうちのもう一つ、すなわち銭の階層化に対して、政府がどのように対応したのかをみてみよう。例として、大内氏と、その領域を受け継いだ毛利《もうり》氏を挙げる［本多二〇〇六］。

　大内氏の文明一七年の撰銭令は、収税において、緡銭に基準銭を混ぜる比率を、民間の売買でのそれよりも多くするよう定めていた。一方、大内氏は財政支出を行うときに、基準銭で建てられた価額に対し、基準銭と減価銭との換算比（和利。先述）にもとづき、相当する量の減価銭で支払った。例えば、永正一一年（一五一四）に大内氏が宇佐神宮へ支出した神事に関する費用の記録がある。「清銭」（基準銭）建てで定めた価額に対し、「清銭」の1／4の価値を持つ「並銭」で相当する量を支払った。政府への納税はなるべく基準銭で支払え、政府が支払うときは減価銭を受け取れ、という話だ。セコい。

　こういった姿勢に対して、人々は大内氏へ、減価銭を受け取ってほしい、と請願することがあった。大内氏は領民に基準銭建てで銭を強制的に貸し付け、利子をつけて基準銭で返させることで財政収入を得ようとした（先述）。これについて、宇佐神宮領の人々は、国銭や並銭という名の非基準銭（減価銭）で、基準銭との換算比にもとづき相当の量で返済したい、と上申した。

大名が、支配下の個別の領主へ、現地の人々が支払う減価銭を受け取るよう、命じることもあった。厳島神社に関する、天文一八年（一五四九）のものらしい記録がある。厳島神社は海運による遠隔地交易に関わっており、決済に使うために基準銭を求めていた。そのため、神社が持つ領地から収税するときに撰銭を行った。納税者側は、それは困る、と厳島神社の上位にして行政権力である大内氏に陳情した。大内氏は、厳島神社に非基準銭を受け取れ、つまり収税するときの基準を緩めよ、と命じた。お前がいうな、という話だ。

一方、大内氏の領域を受け継いだ毛利氏は、どのように行動したのか。

一五六〇年代から、秀吉政権に服属することになる一五八〇年代にかけての記録をみると、収税にあたり、大内氏が支配していた時期に基準銭建てで定められた帳簿上の価額をもとに、基準銭と減価銭とのその時々の換算比にもとづき、相当する量の減価銭を受け取っている。

つまり、毛利氏は大内氏の時代と異なり、基準銭での収税に執着していない。なぜなのか。それは、石見銀山を領有したことが象徴するように、領域のなかで銀、つまり従来の基準銭の機能（価値蓄蔵や遠隔地交易決済）を代替する媒体が流通していたからだ。毛利氏が（記録の限りで）撰銭令を定めていないのも同じ理由らしい。

基準銭と減価銭との換算比をめぐって、毛利氏の領域のなかで紛争が起こり、それを毛利氏が裁定することもあった。一五六〇年代ごろのものらしい記録をみると、杵築《きづき》大社（出雲大社。現島根県出雲市）での神事に関する費用をめぐり、国造家《こくそう》（杵築大社の祭祀を統括していた家）の間で起こった、和利をいくらにするかという紛争を、毛利氏が調停している。銭の階層化と、基準銭と減価銭との間の換算比は、もとはといえば、人々が自律的につくりあげたものだったが、大名政府がその決定に介入することもあったというわけだ。

いずれにせよ、大内氏と毛利氏はともに、銭を階層化させる慣行に乗って財政を運営せざるをえなかった。それは信長も同じだった。章を改めてみてみよう。

第三章　銭はひとつになったのか

――ビタと信長・秀吉・家康

一六世紀後半に、織田信長・豊臣秀吉・徳川家康といった、おなじみの戦国の覇者たちが登場する。

変わる信長イメージ

信長を、筆者が子どものころのドラマも、最近のゲームなども、破壊的かつ革新的英雄とのイメージであい変わらず表現している。しかし、近年の研究者はそのイメージに対して懐疑的になっている。信長の行動原理が保守的であることがわかってきたからだ。

例えば、信長は永禄一一年(一五六八)に京都を占領する。政権交替を基準とする日本史の叙述では、これをもって近世の始まりとすることが多い。

しかし信長は京都に入るにあたり、みずからの軍事行動を正当化するために足利義昭《よしあき》すなわち室町将軍の候補を擁立している。これは、応仁・文明の乱以来、室町将軍家が二つの系統に分かれ、どちらが継ぐかをめぐって戦争が起き、またこれに連動して大名らが二つの派に分かれて戦争を繰り広げてきた、その延長線上にある。

これに関連するのが、信長が京都を占領するのと同じころにスローガンとして掲げ始める「天下布武」の語だ。天下とは、このころの語義では、天皇ならびに室町将軍の所在地である京都を中心とした畿内を地理的な範囲とし、そこにおいて室町幕府が実現すべき理想的な秩序と政治体制を指すものだったことが、近年明らかになった。簡単にいえば「天下布武」とは、京都とその周辺地域における治安の回復を意味する、ごく室町時代的な文脈の語だった［池上二〇一二、古野二〇一六］。

その他、楽市など、信長による独創的な政策とかつて語られてきたものも、すでに他の大名が行っていたものが多いことが明らかになっている。このように「旧来の秩序の破壊者」「革新的な政策の発案者」という信長イメージを、研究者は修正しつつある。

とはいえ、行動の背後にある思想が保守的であることだけを強調することは、それはそれで歴史を誤って解釈しかねない。たしかに、本書の冒頭で述べたように、信長たちは、近世的な体制として現代の私たちが評価しているグランドデザインに向かって、着々と手を打っていったわけでは、ない。その時々に直面した現実に対してさまざまな政策をとり、それが蓄積し、結果として一七世紀以降も受け継がれる要素、すなわち私たちが近世的と呼ぶ要素ができていく。このような、結果として近世的なものができあがる、という事実自体を忘れてはいけない。

つまり、保守か革新か、あるいは中世最後の覇者か近世のパイオニアか、という過度に単純化した二分法で語ると、史実を誤って評価する恐れがある。研究者は、その時々の政策が歴史的にどういう特徴があるのかを語り、一七世紀以降の社会ができる過程のダイナミズムを描く必要がある。

さて、銭である。日本貨幣史における近世の指標を、江戸幕府のもとで一七世紀に確立する三貨制度、すなわち政府が生産を管理する金貨・銀貨・銭の併用に求めることが多い。実は、そのきざしは信長の時代にみえる。そこでまずは、信長がどのような貨幣政策を行ったのか、をみていこう。

織田信長像（神戸市立博物館蔵　Photo: Kobe City Museum / DNPartcom）

信長、銭の不足に直面する

信長が京都を占領した翌年にあたる永禄一二年（一五六九）二月末から三月にかけて、銭に関する複数の法を布告した。信長が定めた貨幣に関する最初の法である［高木二〇一〇、高木二〇一七］。以下、永禄貨幣法と呼ぶ。

背景を先にみておこう。永禄貨幣法に加え、その後も信長政権は貨幣に関して法をいくつか定めるが、その背後には共通して銭の不足があった。日本へ銭を輸入していた倭寇の活動が一五六〇年代に鎮まったことによるものだ。これをきっかけに、畿内とその周辺地域で複数の政府が撰銭令を定めた（第二章）が、永禄貨幣法もそのうちの一つである。

信長政権の時代に銭が不足したのは、別の理由もあった［黒田二〇一四］。一五六六年、明政府は漳州《しょうしゅう》、すなわち福建にあった倭寇の根拠地の一つで模造銭をつくっていた地域を軍事的に制圧した。これにより、銭の輸出（密輸）と製造（密造）の拠点が明政府の手に落ち、管理下に入った。

また一五六七年ごろ、明政府は海禁を一部解除し、民間人が国外へ渡航することを許した。その背景には、海禁が倭寇を生んでいる、いいかえれば、貿易を規制するから密貿易が起こる、との世論があった（実際その通りだった）。全面解禁ではなく一部解除というのは、日本への渡航は禁じたからだ。加えて硝石・硫黄（ともに火薬の原料となる軍需物資）・銅（つまり銭を含む）などの輸出は禁じ続けた。密貿易を行い、かつ治安を乱す倭寇がやってくることを嫌ったからだ。

これに加えて、永禄貨幣法より後の話だが、一五七〇年代に入ると、銭の密輸元だった福建が銀を単位とする経済に変わった。南米とフィリピンとを結ぶ太平洋航路が開き、南米産の銀が福建に入ってきたからだ。

すると、福建が模造銭をつくらなくなった。よしんば模造銭をつくったとしても、中国の商人は戦略を変えた。日本以外へは行っていいので、銭を求めていて、かつ合法的に貿易できる地域に輸出すればよい。そこで東南アジアへ輸出するようになった。こういった経緯で日本には銭が入ってこなくなり、銭の不足が深刻になった。

信長政権の時代に、その領域で実際に銭が不足ぎみだったことは、名目米価の記録からわかる。奈良では、一五〇〇年代初めから一五六〇年代までは、おおむね一〇〇文あたり〇・一石台だったが、元亀二年（一五七一）ごろ一〇〇文＝〇・二石まで銭高になった。この相場は一五七〇年代以後、「本銭」（従来の基準銭）を一〇〇文＝〇・二石という相場で固定し、賃金や税を計算するときなどに使う慣行の前提となる。この固定相場を人々は天正一〇年（一五八二）には「未《ひつじ》の和市《わし》」、すなわち元亀二年（干支が辛未《かのとひつじ》）の市価・時価、と呼んだ。未年つまり元亀二年ごろに銭高がピークになったと、一五八〇年代の人々が認識していたわけだ［毛利一九七四、桜井二〇一七］。

このように信長は、京都を占領した一五六〇年代末、そしてさらに領域を拡げていく一五七〇年代から八〇年代にかけて、銭の不足に直面していた。このことが、彼の貨幣政策を左右した。

では、永禄貨幣法をみてみよう。

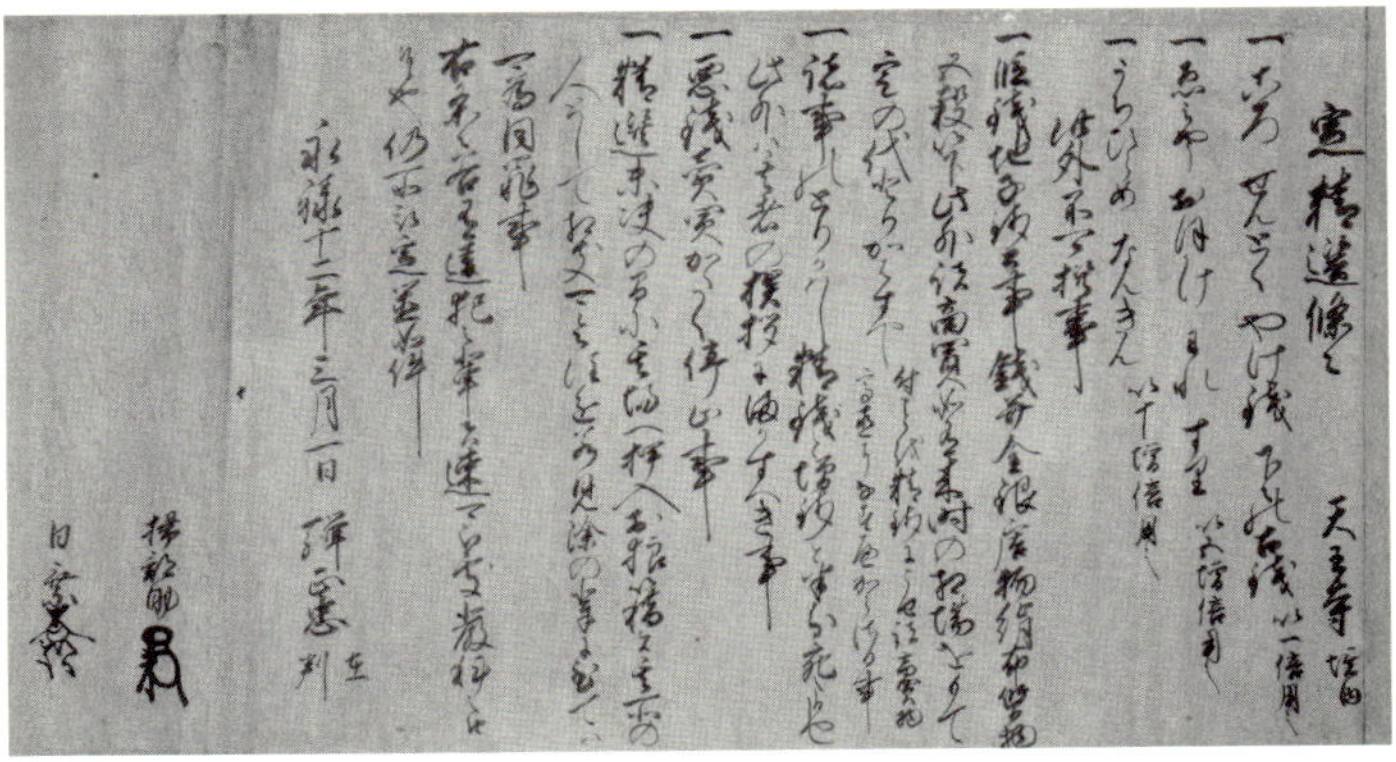

織田信長の撰銭令（永禄12年〔1569〕、四天王寺蔵）

この法には、永禄一二年二月二八日付けまたは三月一日付けで京都と摂津国天王寺《てんのうじ》（現大阪市）で布告したものと、同年三月一六日付けで再び京都そして八幡《やわた》（現京都府八幡市。石清水八幡宮《いわしみずはちまんぐう》を中心に発達した都市）・奈良をはじめ信長の領域全体で布告したものがある。便宜上、前者を「本令」、後者を「追加令」と呼ぶ。永禄一三年（一五七〇）には、本令と追加令を補足したものが、尾張《おわり》国熱田《あつた》（現名古屋市）で布告された。このように、永禄貨幣法は信長の領域を広く対象にした。

本令の趣旨は次の三つである。

①減価銭と基準銭との換算比を定める。具体的には、ころ（加治木でつくった模造洪武通宝。第一章）・焼銭・宣徳通宝は1／2文、恵明・大きな欠損がある銭・破銭・摩耗銭は1／5文、打平・南京は1／10

文とする。これら以外は基準銭とするので、排除してはいけない（なお筆者は以前「これら以外」を、基準銭ではなく排除するべき対象、と解釈していた［高木二〇一〇］が改める）。

②納税（段銭、地子銭《じしせん》＝地代、公事《くじ》＝雑税）、金・銀、唐物、絹布、質物、五穀、その他の売買では、商品の価格は今まで通りのままで、この法が定める換算比にもとづいて銭を受け渡すこと。撰銭をきっかけにして、商品の価格を高くしてはいけない。

③銭を受け渡すときは、基準銭と減価銭とを半分ずつ取り合わせること。

次に追加令である。趣旨は次の二つである。

①米を交換手段として使うことを禁じる。

②一定数量以上の生糸・薬・緞子《どんす》（絹織物の一種）・茶碗・その他唐物の売買は、金・銀を交換手段に使うこと。金・銀がない場合は「定之善銭《さだめの》」を交換手段に使うこと。これらの商品以外は、この法が定める銭を使うこと。当事者の間で秘密裏に申し合わせて、金・銀で売買すれば重科にする。金・銀を交換手段に使うよう、買い手へ求めてはいけない。金・銀・銭の比価は金一両＝銀七・五両＝銭一五〇〇文とする（一両≒一六・五グラム）。

銭の慣行を受け入れる

永禄貨幣法は、歴史的にどのような意義・特徴があるのか。

まず本令①だが、基準銭と減価銭との換算比を公示した日本で初めての立法である。慣行で始まった銭の階層化を、ついに信長が法で定義した。

無文銭を1／10文として通用を許す規定が目を引く。一五世紀末から一六世紀にかけて室町幕府や大名らは、無文銭の通用を禁じてきた（第一章）。これと対照的だ。実は、無文銭の通用を明確に許す法は日本史上で永禄貨幣法のみである。ここには、信長の独自性がある。

なぜ、無文銭の通用を許したのか。そうせざるをえないほどにまで、銭が不足していたからだろう。また信長は、永禄貨幣法を布告した同じ年の二月、すなわちこの法を布告する直前に、堺を服属させていた。だから、無文銭の通用を許したのは、財政を運営するために必要な銭の不足をなんとかして埋めたい信長と、無文銭をつくっていた堺（第一章）の企業と利害が一致したことによる、とも考えることもできる［中島楽章二〇一二］。

信長が無文銭を1／10文と評価したことについて、参考になる記録がある。一五六一年、明が琉球へ派遣した外交使者の記録に、琉球では、日本産の薄くて小さい無文銭を一〇枚で一文として使っている、とある〔真栄平二〇〇二〕。永禄貨幣法での評価とほぼ同時期に、琉球の市価とが同じであることが興味深い。

米の使用を禁じる

次に本令②である。銭での納税や質物（つまり銭などの貸借を伴う）に関する規定は、中近世移行期の日本の撰銭令に特徴的な内容である（第二章）。貸借での使用に関する同じような規定は追加令にもある。

各種の商品価格とくに五穀の価格を上げるな、という規定は、買い手の購買力を保護している。大内氏や室町幕府などの撰銭令にもあった規定であり、信長の革新性はない。

以前筆者は、保護する対象を、この法が定められた同じ年、足利義昭の城郭を建設するにあたって信長政権が動員した労働者に求めた〔高木二〇一〇〕。近年出されたある説では、信長が京都を占領するにあたり、これに随った軍隊に求めている。兵たちは、本令①にあるようなさまざまな種類の非基準銭を携えていた。その購買力を担保し、小額の売買を円滑にしようとした、という解釈だ〔藤井二〇一三〕。この二つの説は併存しうる。つまり、労働者と軍隊の両方を保護の対象とするのだろう。

このことに関するのが、追加令①つまり米を交換手段として使うことを禁じる規定である。なぜ禁じたのか。

貨幣の素材が貨幣以外にも使える場合、貨幣以外の用途への需要が増えると、貨幣として分配できる量が減りかねない。米の場合、食糧の需給にゆとりがなくなる出来事が起こると、貨幣としても、食糧としても不足しかねない。この法を定める直前に信長の軍隊が京都に入り、労働者を大量に動員したので、米への需要が急に増えていた。そこで、食糧として彼らに分配する米を確保するため、交換手段として使うことを禁じた。

米を交換手段として使うなと命じたのは、現実には人々が、米を交換手段として使っていたからこそだ。なぜ使ったのか。これまで繰り返し述べた銭の不足、なかんずく一五六〇年代末から後、中国からの供給がなくなったために起きた銭不足が理由だ。銭が不足すると、これまで、手形または掛による信用取引を行ったり（第一章）、非基準銭を活用したり、銭を階層化させる（第二章）、といった対応がとられてきたが、これらに加え、銭以外の媒体が交換手段として使われるようになった。その一つが米だった。

このことは、記録でも確認できる。吉田神社の神職だった吉田兼見《かねみ》（兼右［第二章］の子）の日記をみると、一五七〇～九〇年代において、米を交換手段に使う頻度が上がると銭のそれが下がる、つまりトレードオフの関係にあったことがわかる［川戸二〇一七］。

石高制を導入する

余談だが、米が交換手段として使われるようになったことに伴い、米が価値尺度としても使われるようになった［高木二〇一〇］。これまでならば、交換手段に米を使うことがあっても、あくまで価額は銭建て（文単位）で記したうえで、その額に相当する量の米を代わりに受け渡してきた。しかし、一五七〇年代に入ると、商品の価額がそもそも米建て（石単位）で記されるようになる。米は使用価値が比較的均質（ブランド米だろうが屑米だろうが、単位体積あたりのカロリ量はあまり変わらない）なので、価値尺度として使いやすかったからしい。

また従来は、米の体積単位、例えば「一石」の定義が地域などで異なっていた。しかし、このころの慣行として、地域を越えて、京枡《きょうます》（京都などで使っていた枡）の容積で定義するようになった。商品の取引額は京都での額がもっとも大きいし、京都と売買する商人も多いので、京都以外の地方の間で売買する場合でも、京都の量制基準に合わせておけば便利だからだ。こうして社会一般で京枡が基準枡になったので、一石といえば京枡で一石（約一八〇リットル）、という共通認識ができた。そしてこのことにより、米は交換手段と価値尺度の双方の面で使いやすくなった。

ちなみに、信長も京枡を基準枡に採用した。一五七〇年代以降、信長政権は、軍事上の負担を課すときの基準となる家来の領地の評価額や、農民へ課税するときの基準額を、米建てすなわち石単位で示すようになる（例えば、前者であれば「領地一〇〇石あたり六人動員しろ」というように）。石高制の導入だ。このとき、量制を京枡で定義した。近世の日本政府による土地支配の根幹をなす石高制も、そのもとは価値尺度に米を使い、かつその体積を京枡で定義する一六世紀の慣行にあったわけだ。なお、定量的な方法で軍役を果たすこと自体は、先に第二章で述べたとおり、一六世紀前半の畠山義総の行動にすでにみえる。

さて、信長政権は追加令①で交換手段として米を使うことを禁じたが、その後も人々は使い続けた。そのことは『細川両家記《りょうけき》』という、史実として比較的信頼できる軍記物語が記しているし、また、今みてきたように、交換手段として米を使う慣行が一五七〇年代に続いていたことが、まさに示す。

しかし、追加令を布告した後も、京都への米の供給は不足した。そのため、追加令と同じ年に米商人を含む京都の住民が、京都に米を供給するよう、信長へ陳情している。信長より先に出された撰銭令（第二章）と同じく、信長の撰銭令も、人々は必ずしも遵守しなかった。

撰銭令の目的は「秩序の回復」？

なお、追加令①の交換手段として米を使うことを禁じる規定と、本令①の階層化を追認する規定を、次のように解釈する向きがある。低品質銭が流通するようになり、かつ銭が階層化したため、銭への信用が下がり、それに伴い人々は交換手段に米を使うようになった。これに対して信長は、等価値使用原則の変則的な運用、すなわち組成主義という従来の方法では秩序の回復が難しい、と考えた。そこで、それぞれの銭種に価値差があることを認め、換算比を定め、人々が撰銭する傾向にあった低品質銭を市場に呼び戻し、米を貨幣に使う必要性を排除し、混乱した銭秩序を回復させようとした……というものだ［本多二〇一七］。

ここでいう「秩序の回復」を目的としたとの評価は、留保が必要だろう。たしかに、前時代的な慣行としての等価値使用原則は崩れたかもしれない。しかしながら、銭の階層化は銭と銭との間に価格差ができただけであり、かつてならば、人々が排除しかねなかった非基準銭も使うようになったので、通用する銭の範囲が広がっているともいえる。つまり人々は、低品質銭を含めて銭を使っている。すべての銭への信用が下がったわけではない。そういった実情を追認したのが、本令①である。

また、交換手段として米を使うことを禁じると、なぜ銭秩序が回復するのか、その説明はない。追加令②にあるように、永禄貨幣法は交換手段として金と銀を使うことを許している。銭秩序を回復させるために米は排除する必要があり、金と銀は排除しなくともよいというのは、どのようなメカニズムによるものなのか。これらの問題について説明していないのが、従来の説の難点だ。撰銭令は銭秩序の安定を目的とした、という漠然とした説明（第二章）と同じく、なにをもって銭秩序が回復または安定したと判定するのか、その定義に具体性を欠くところも問題だ。

先行研究がいう「秩序の回復」云々という表現は、貨幣が混乱の極みにあった京都に、革新的な英雄である織田信長がさっそうと登場し、貨幣流通のあるべき理想的な秩序に向けて現実を正していった、という文脈で読まれかねない。しかし、その解釈は正しくない。

銭に振り回される

話の順序が逆になったが、次に本令③をみてみよう。受け渡す額のうち、五〇％は基準銭で、もう五〇％を減価銭で、相当する量を受け渡すよう命じている。つまり、売買額のすべてを減価銭だけで支払うことを禁じた。これは、大内氏などの撰銭令が採っていた、組成主義に近い方法だ。本令①は、銭の階層化を追認したうえで、その運用基準を示していたが、組成主義的な方法も併用する、他の撰銭令にない方法である。単純な等価値使用原則を採らないのは、同じ一五六〇年代に浅井長政や細川氏・三好氏が定めた法と異なり、反動的だ。

次に追加令②である。金・銀・銭の比価が法で定められている。先行研究はこれをもって、近世の三貨制度の始まりである、と評価している。日本でつくられたこれら三種類の金属貨幣を併用し、相互の比価を政府が法で定義するシステムを、三貨制度と一般に呼ぶ。学校の教科書は、三貨制度を一七世紀、江戸幕府ができてからのこととして語る。しかし、実はその成立のきざしはすでに一六世紀にあったわけだ。なお追加令には、金・銀を借りたときは金・銀で返せ、金・銀がない場合には、この法が定める比価にもとづいて銭で返せ、という規定もある。

追加令②をはじめ、金・銀を使う場合のガイドラインを定めた背景にも、銭の不足がある。人々は銭以外のものを交換手段に使おうとし、一つには米を使うようになり（本令②・追加令①）、また一つには金や銀を使うようになった。ちなみに記録をみると、一五七〇〜八〇年代の奈良では、豆や小麦や塩なども交換手段として使われるようになる［高木二〇一〇］。銭の不足に対して人々は、米をはじめ金・銀その他さまざまな媒体を持ち出して売買したわけだ。とくに、金・銀は単位質量あたりの価値が銭より高いので、高額売買に便利だった。

このように、金・銀を交換手段に使うようになったことを追認したのが、追加令②だった。ただし、金・銀・銭の比価を政府が法で定めること自体は、日本史上これがはじめてのことではない。記録上はじめてのものが、一六世紀前半のものらしい、春日《かすが》大社が定めた法である［高木二〇一〇］。このころ人々は、神祇信仰と仏教とを同じものとして信仰しており（神仏習合《しんぶつしゅうごう》という）、同じ奈良にある興福寺（藤原氏の氏寺《うじでら》）が、もろもろの仏と春日大社（藤原氏の氏神をまつっている）の祭神とが同じであると主張し、春日大社を支配していた。興福寺は大和国の守護でもあった（第一章）から、この法は春日大社の単なる内規ではなく、興福寺が行政権力として支配していた奈良を対象にした法である。

本法の趣旨は次の三つである。

①金一両＝銀一〇両＝銭二〇〇〇文、銭一〇〇文＝米〇・一四石、とする。
②米の供給が再開したときには米価を改めて定める。
③商品一般の価格の引き上げを禁じる。

つまりこの法は、米など商品の供給が不足したときに、その価格を制御しようとしたものだ。第二章で紹介した撰銭令のなかにもあった要素である。

国単位を越えて、支配する地域に広く布告された信長の永禄貨幣法と、対象が奈良またはせいぜい大和国内だった春日大社の法とでは異なる。とはいえ、三貨の比価を法で定めるアイデアそのものが、信長のオリジナルでなかったことは留意すべきだ。

このように、信長の永禄貨幣法は、それより前の撰銭令にあった要素、信長独自の要素、そして江戸時代の三貨制度へと連続する要素を持つ。慣行を追認し、食糧需給の安定化など、直面する問題へ対応しようとしたところに、良くいえばリアリストとしての、悪くいえば目の前の課題に振り回される信長の姿がみえる。そして、永禄貨幣法は必ずしもその効果を発揮しなかったことから、絶対的恐怖政治家である信長が革新的な政策を人々に思うまま従わせたという、創作類にありがちなイメージとは逆の実像も浮かび上がる。

減価銭の台頭による方針転換

永禄貨幣法のあと、信長政権は方針を転換する。

天正元年(一五七三)、信長は足利義昭を京都から追放し、室町幕府が事実上崩壊する。同四年(一五七六)、柴田《しばた》勝家《かついえ》は、信長が彼に支配を委ねていた越前国で、銭に関する法を布告した。趣旨は次の二つである[高木二〇一〇]。

①柴田勝家が村々へ派遣する使者の接待費（村側が負担する）を、「並銭」単位で侍は一〇〇文、中間《ちゅうげん》（侍の従者）は五〇〇文とする。

②従来の基準銭建てで定めている納税額に対し、実際の納税にあたっては並銭一枚を1／3文に換算して支払うこと。

まず①についてみてみよう。並銭は、越前国に関する別の記録では「次銭」または「悪銭」とも記される銭で、一五六〇年代末から登場する。一枚で1／3文とする慣行のもと通用していた減価銭である。費用の単位を並銭建てで示しているということは、この項では並銭をもって一枚＝一文と定めていることになる。つまり、並銭を基準銭にしている。

次に②についてみてみよう。この項での基準銭は従来の基準銭である。ただし、計算単位としてのみ使っており、実際に受け渡す銭は減価銭を想定している。つまり、①と②とで異なる基準銭を使い分けている。

それぞれの規定は、なにを意味するのか。

話の都合上、先に②について述べる。同じようなことは一六世紀半ばの毛利氏の領域でもあった。貢納の額は、従来の基準銭建てで示されていたが、実際の貢納は特定の換算比にもとづき相当する量の減価銭で支払われた（第二章）。この場合、従来の基準銭は単なる価値尺度としてのみ現象している。こういった、価値尺度としてのみ使い、必ずしも現物が実在しないものを計算貨幣という（永禄貨幣法のところで触れた奈良の「本銭」も、実は計算貨幣である）。

つまり②は、信長の領域である越前国でも、従来の基準銭が計算貨幣化していたことを示す。基準銭が計算貨幣化したのは、基準銭の現物が不足したからだ。そして、そのうえで減価銭である並銭の価値を法で定め、通用させた。

そのことを踏まえて①をみてみよう。①の背景にも銭の不足がある。官僚の接待費を定めるにあたり、現実にはもはや目にしなくなった従来の基準銭でなく、このころ流通していた減価銭かつ実際の支払いに使われるであろう、並銭を基準銭にしたわけだ。

なお、従来の減価銭を基準銭にする政策は、信長以外の大名も行っていた。例えば、毛利氏は一五六〇年代に南京、一五八〇年代に鍛《ちゃん》（内実不詳）という、かつての減価銭を基準銭として使うようになった［本多二〇〇六、高木二〇一七］。

このように柴田勝家は、銭とくに従来の基準銭が不足したため、従来の基準銭と減価銭との換算比を法で定め、費目によっては従来の減価銭建てで価額を定めた。減価銭の種類は、永禄貨幣法では複数あったが、天正四年の柴田勝家の法では一つ（並銭）だけである。階層の数が減り、階層化が収束に向かっている。並銭という減価銭のカテゴリはそもそも、人々が自律的につくったものであり、柴田勝家はそれを追認した。つまり、この法も永禄貨幣法と同じく、信長の独創や一方的な押しつけでなく、慣行に乗ったものだった。

ビタ登場！

その後、信長は新たな基準銭を指定する。

天正八年（一五八〇）、但馬国へ出兵したとき、前線指揮官だった羽柴秀長《はしばひでなが》（秀吉の弟）の名で次のような法を出した。すなわち、宿泊所の使用料を、ビタ建てで、人一人あたり五文、馬一頭あたり一五文と定める、というものだ［高木二〇一〇、高木二〇一七］。

ビタとはなにか。「ビタ一文まかりまへん」という用例がある。値切り交渉にあたり、ごくわずかな金額でさえ値引きしない、との意志を売り手が示すときに使う（らしい。実のところ大阪生まれの筆者でさえ日常生活で聞いたことはない）。

羽柴秀長の法に登場するビタとは、銭のカテゴリの名である。ただし、皇宋通宝や永楽通宝といった、銭文で識別する銭種ではない。従来の基準銭以外を大きく指すカテゴリであるらしい。江戸時代の記録には、中世に日本でつくられた品質が低い銭または輸入した銭とあるが、実のところ不詳である。

現在確認できるビタの語の最初の例は、日本初の俳諧連歌《はいかいれんが》集『竹馬《ちくば》狂吟集《きょうぎんしゅう》』（明応八年〔一四九九〕序）にある、「百びたをよめをもたたで還りけりくくりはかまは大十《だいじゅう》がしち」という歌である。びた百文、ちょうど余りなく帰った、嫁がくくり袴を百文分の質に入れたから……といった意味だ。「よめ」は「余目《よめ》」（余り）と「嫁」とをかけている。くくり袴は裾にひもを通した袴である。ひもを絞るとひだができる。これを「ビタ」とかけている。大十は百を意味する（この歌、うまいのか？）。

ビタの内実をいくばくなりとも示す、もっとも古い記録が、天正一〇年（一五八二）の伊勢国における、銭の貸借に関するものである〔千枝二〇一一、高木二〇一七〕。いわく、ビタを借りるときに、はたかけ（端が欠損している銭）・ひらめ（無文銭）・ころ・へいら（仕上がりが粗末な銭）を除いた残りを受け渡した。つまり（広義の）ビタのうち、実際に受け渡したもの（狭義のビタ）は、基準銭以外で、かつ破損がある銭など特定の低品質銭以外すべてである。ころを除くと、銭文を問わず、輸入銭と日本でつくられた銭との両方を含む。

ビタに関する記録は元亀三年（一五七二）の伊勢国のものを初見とし、その後京都とその周辺地域でたびたびみえる〔田中二〇〇七、高木二〇一〇、千枝二〇一四、高木二〇一七〕。一六世紀後半から一七世紀初めには「ひた」または「ヒタ」と、かな書きすることが多い。

「鐚」の漢字を使った表記は、信頼できる記録では天正一六年（一五八八）越前国のものがおそらく最古である。

登場した当初のビタは減価銭だったが、だんだんと価値が上がる［千枝二〇一一、桜井二〇一七］。奈良では天正五年（一五七七）にはビタ建てで一〇〇文＝米〇・〇二五石だったが、一五九〇年代には一〇〇文＝〇・一石台に乗る。伊勢国でも一五七〇年代末を基準とすると、一五八〇年代には二倍強、一六〇〇年代には三倍弱の価値になる。

ビタが基準銭になる

並銭などかつての非基準銭がそうなったことと同じく、人々は慣行として、ビタを基準銭に使うようになる［高木二〇一〇、本多二〇一二、桜井二〇一七］。奈良では元亀二年（一五七一）以降、米相場が「悪銭」（のちのビタ）建てで記されるようになる。米価を記すときの基準銭が、従来のものからビタに変わったわけだ。一五七〇年代後半には、京都や和泉国堺でもビタが基準銭として使われるようになる。

後には、ビタの名そのものが記されなくなる［千枝二〇一一、桜井二〇一七］。ビタと記される最後の記録が、奈良では天正一八年（一五九〇）に、伊勢国では慶長《けいちょう》一三年（一六〇八）

にある。基準銭といえばビタ、と人々が共通して認識するようになったので、わざわざビタと書かなくなったわけだ。

ビタの価値が上がり、基準銭になったことは考古学的にもわかっている［櫻木二〇〇九、鈴木正貴二〇一二、川戸二〇一七］。一括出土銭に日本産の模造銭が混ざる現象が、一五世紀以降、九州南部や東北北部など日本列島の両端でみられた（第一章）が、一六世紀に入ると本州中央部でも模造銭の比率が高くなる。愛知県豊根村でみつかった一六世紀前半のものらしい一括出土銭はその約九〇％が、堺でみつかった一七世紀第一四半期のある一括出土銭はその約八〇％が、模造銭である。そもそも基準銭ではなかった模造銭つまりビタの一部を本州中央部でも価値蓄蔵手段に使ったのは、価値が上がったからだ。

このように、ビタの価値が上がり、基準銭になったのは、他の減価銭がそうなったことと同じく、銭とくに従来の基準銭が不足したからだった。

ビタが流通した範囲を記録でみてみよう［高木二〇一〇、千枝二〇一四、高木二〇一六、高木二〇一七］。ここまで述べた伊勢国・大和国（奈良）・山城国（京都）・和泉国（堺）のほか、おおよそ信長政権の時代（天正一〇年〔一五八二〕まで）では、志摩《しま》国（三重県）・尾張国（愛知県）や畿内の周辺諸国（近江国）といった信長が支配する領域に加え、紀伊国・安芸国・土佐国・肥前《ひぜん》国（現佐賀県）など、信長が支配する領域の外でもみえる。秀吉政権の時代

（天正一〇年以降）には、越前国や越中《えっちゅう》国（現富山県）といった北陸地方、三河《みかわ》国（現愛知県）・遠江《とおとうみ》国（現静岡県）・伊豆《いず》国（現静岡県）といった東海地方でもみえる。おおまかには、流通する範囲が畿内とその周辺地域から全国へ広がっていった。

信長政権の時代、彼が支配する領域の外でビタを使った例があるということは、ビタが広まる要因は政治支配者がそのように誘導したからではなく、慣行が先だったことを意味する。取引費用を減らすために、このころの日本の商業の中心である京都とその周辺地域で慣行として使われていた単位・基準（例えば量制。先述）が、他の地域でも使われるようになった現象と同じ文脈でビタが地域を越えて広まった、と解釈すべきだろう。

複数の階層があった減価銭はビタに収束していった。このことは、銭の市価変動に関する分析からわかっている［千枝二〇一一、桜井二〇一七］。一六世紀末から一七世紀初めの伊勢国では、従来の基準銭の価格帯の銭と、ビタ系の価格帯の銭との二つの階層からなる銭が流通していた。一五七〇年代の越前国と同じく、階層数が永禄貨幣法より減っている。

このように、ビタが基準銭として使われるようになること、すなわちビタの基準銭化は西日本で広く進んだ。

信長もビタを選ぶ

改めて羽柴秀長の法をみてみよう。価額をビタ単位で定めている。つまり、ビタを基準銭にしている。実はこの法は、日本の政府がビタを政策的に基準銭に採用したことを示す、はじめての事例である。

留意すべきは、ビタを基準銭にするのが信長政権の法より慣行が先だったことだ。信長の永禄貨幣法や天正四年の柴田勝家の法が、銭を階層化させる慣行を追認したものだったことと同じく、羽柴秀長の法もまた、ビタを基準銭とする慣行を追認したものだった。

もう一つ、留意すべきことがある。ビタを基準銭としたことは、非基準銭のうち無文銭などを除いた残りである狭義のビタの通用を許したことを意味する。裏を返せば、無文銭の通用は禁じた、と解釈できる。無文銭の通用を許した永禄貨幣法と比べて反動的だ。無文銭を通用させるかどうかということについて、信長政権の姿勢は可逆的だった。

羽柴秀長の法が出された少し後、村落が独自に定める法でも、ビタを基準銭に使っている［高木二〇一〇］。天正一〇年（一五八二）、近江国志那惣《しなそう》（現草津市。惣とは村落の自治組織のこと）は、惣の神社の竹や木を勝手に切った者への罰金を、ビタで五〇〇文と定めた。ビタ

拡大図

織田信長の永楽通宝の旗印
（『長篠合戦図屏風』、17世紀、大阪城天守閣蔵）
騎乗しているのが信長。

を基準銭に使う慣行があったからこそ、村落の法もそれに倣った。

なお、現在の「ビタ一文」の慣用句は、その貨幣の額面が小さい事実だけでなく、小額であることをやや蔑む意味を含む。そのような意味でビタの語を人々が使うようになるのは、寛永通宝が登場した後のことである（第四章で再論）。少なくとも、信長政権の時期から江戸時代の初期までは、むしろ基準銭として経済を支えた。

ここまで、信長政権の政策をみてきた。金・銀・銭の比価を法で定めたことといい、従来の非基準銭を基準銭にしたことといい、いずれも慣行を追認したものであり、独創性はない。わざわざ新しい規格をつくるよりも、銭だけでなく金・銀を使ったり、ビタを基準銭に使う慣行に乗るほうが行政費用が低かった（ラクだった）ということだろう。

信長について語る最後に、余談として、彼が旗印《はたじるし》に使った永楽通宝のデザインについて触れる。あのデザインは商品経済にいちはやく着目した信長のメンタリティを象徴する図案だと語る向きがある。これはおそらく誤りだ。信長が基盤とした畿内とその周辺地域では、どちらかといえば永楽通宝は好まれていない。あの旗印は「永楽」という永続的な繁栄を意味するめでたい語そのものに意味があり、経済政策に対する姿勢とは別の話である［櫻木二〇〇九］。

全国統一までの秀吉の銭政策

天正一〇年（一五八二）、信長が死ぬ。秀吉は信長を自殺に追い込んだ明智光秀《あけちみつひで》をその直後に打倒した。同年、山崎《やまざき》（現京都府大山崎町）で貨幣に関する法を布告した［高木二〇一〇、藤井二〇一四、高木二〇一七］。この法は京都・堺・河内国（大阪府）も対象にした。趣旨は次の二つである。

①南京と打平（無文銭）以外は使え。

②これら二種類以外の銭をすべて一枚で1／3文とする。

また同年、大和国を支配していた筒井《つつい》順慶《じゅんけい》も、同じような法を奈良で布告した。趣旨は次の二つである。

①破・欠・鉛銭以外は使え。
②これら三種類以外の銭をすべて一枚で1／3文とする。

これら二つの法は、特定の低品質銭以外すべてを通用させる姿勢が共通する。複数の政府が同じような法を畿内で広く示したわけだ。

これらの法の要点は三つある。一つめが、特定の低品質銭以外すべてが一枚で1／3文ということは、一枚で一文として通用する銭がない、いいかえれば一枚で一文として現実に受け渡す銭が存在しない、ということだ。従来の基準銭は価値尺度としてのみ機能している。つまり純粋な計算貨幣になった。これは、天正四年の柴田勝家の法の場合と同じく、従来の基準銭を計算貨幣化させる慣行の延長線上にある。

二つめは、その一方で、特定の低品質銭以外すべてが一枚で1／3文ということは、通用

豊臣秀吉像（高台寺蔵）

する銭はすべて一枚で1／3文、つまり等価値であるということだ。事実上、等価値使用原則が復活した（額面が一文でない点で、かつてと異なるが）。

特定の低品質銭以外すべてというカテゴリの定義は、浅井長政が定義した基準銭と、狭義のビタの定義と共通する。だから秀吉の法は、狭義のビタを従来の基準銭の1／3に評価すると政策で定めたもの、ともいえる。天正四年の柴田勝家の法は、従来の基準銭と並銭とが階層化していることを前提にしていたが、秀吉の法は、従来の基準銭が現実に流通していることを想定していない。つまり、銭の階層化が法的かつ実質的に収束している。

特定の非基準銭を一枚で1／3文とする定義は、天正四年の柴田勝家の法にある並銭と価値の水準が等しい。だから、天正四年の柴田勝家の法がいう並銭＝この法が定める減価銭（等価値で使う）＝ビタ、という等式が成立するのではないか、と筆者は推測している。

そして三つめが、秀吉の法についてのことだが、中国産の模造銭らしい南京と、日本産の無文銭であろう打平を使うなと命じているほかは、つくった場所を問わず、特定の低品質銭を除くすべての銭を通用させようとしているということだ。つまり、銭文がある日本産の銭の通用を法で許したことになる。ちなみに、先に述べたとおり、日本産の模造銭を価値蓄蔵手段にも使う方向にあったことは、考古学的にも確認できる。よってこのような、銭文がある日本産の銭の地位を上げる慣行を政府が追認した表われである、とこの法を評価できる。

同じ日本産の銭でも無文銭の通用を禁じることは、天正八年の羽柴秀長の法にみえるビタの基準銭化、つまり無文銭などを除く狭義のビタを通用させる路線を受け継いでいる。これも含めて天正一〇年の秀吉の法は、銭の階層化を収束させ、ビタを基準銭にする慣行を追認した、信長政権がとってきた路線の延長線上にある。

次に、その後、全国統一までに秀吉が行った銭に関する政策をみてみよう。

天正一一年（一五八三）、秀吉は、信長政権でかつての同僚だった柴田勝家を敗死させる。同年、京都で悪銭を売買する商人団体（悪銭座）に対し、かつて信長が生きていたときに与えられていた特権を、秀吉政権は改めて認めた［藤井二〇一四］。

悪銭座とはなにか。

基準銭の定義が地域で異なっていたことを利用し、裁定利益を得るため、銭そのものを売買することを悪銭売買と呼んだ（第二章）。悪銭売買に関するなんらかの特権、例えば座の構成員が売買を独占する特権を持っていたのが、悪銭座らしい。

一六世紀前半には、室町幕府と興福寺が悪銭売買を禁じていたし、信長も永禄貨幣法では悪銭売買を禁じた。その理由は不詳である。一方で、信長が悪銭座の特権を認めていたということは、信長がある時点で方針を変え、悪銭売買を許したことを意味する。ここには、社会の現実を受け入れる信長の姿勢がみえる。そして秀吉は、信長が悪銭座に与えていた特権を追認した。つまり、天正一〇年の法と同じく、これも信長政権の路線を受け継いでいる。

秀吉独自の銭政策もある。天正一二年（一五八四）、小牧《こまき》・長久手《ながくて》（現愛知県小牧市・長久手市）の合戦をはじめ、東海地方で織田信雄《のぶかつ》（信長次男）・徳川家康の陣営と交戦していた時期のこと、近江国長浜《ながはま》（現長浜市）で、町人が銭をつくることを禁じた［本多二〇〇六、高木二〇一六］。

禁じたということは、銭の製造を許したり禁じたりできるのは自分だ、と人々に対してアピールしたことを意味する。銭の製造を管理する権限は秀吉政権が持つ、と人々に対して宣言したわけだ。中近世移行期において、日本の各政府が、日本でつくられた模造銭の通用を禁じることはあった（第一章）が、つくることそのものを規制した様子はない。対して秀吉は、銭の私造を規制する方向に転じた。これは秀吉の新しさだ。

なお、近江国は中近世移行期において銭の特産地だった［安国二〇一六］。長浜に加え、一七世紀初頭の坂本《さかもと》（現大津市）がそうだった。オランダの東インド会社（東インドすなわち喜望峰以東・マゼラン海峡以西の地域の貿易・植民地経営を行う会社）に関する一六三〇年代の記録をみると、坂本でつくった銭を「サカモト」と呼び、東南アジアへ輸出した（後述）。また、『毛吹草』（第二章）に、坂本は銭の鋳型に使う土の特産地として登場する。

東西の銭秩序を結合する試み

秀吉は、地域で異なった基準銭を全国的に結合することも試みた。

天正一八年（一五九〇）、秀吉は関東の後北条氏を屈服させ、その後、東北に進軍し、当地の諸大名に数々の命令を出した（奥羽仕置《おううしおき》）。そのなかで、永楽通宝一＝ビタ三、金一両＝ビタ二〇〇〇文、と比価を定めた［川戸二〇一七］。

この法が出された背景をみてみよう。このころ、銭の秩序は日本の東西で分かれていた。おおまかには、関東では永楽通宝が好まれ（第一章）、西日本ではビタが基準銭になりつつあった。

そのことを示す記録がある［高木二〇一〇］。常陸国の大名である佐竹《さたけ》氏に、大和田重清《おおわだしげきよ》という家来がいた。奥羽仕置から少し後、文禄《ぶんろく》二年（一五九三）に、大陸への出兵にあたり滞在していた肥前国名護屋《なごや》（現唐津市。大陸出兵の出撃地）から水戸へ帰った。その道中の日記をみると、同年九月、信濃《しなの》国（現長野県）から上野国松井田《まついだ》（現安中市）へ入った後（つまり碓氷《うすい》峠を越えたのだろう）、宿泊料や輸送料などをビタ建てと永楽通宝建てとで対比して記すようになる。記述を改めてさかのぼってみると、上野国に入る前の部分では「ビタ」と記していない。

このことは、肥前国から信濃国まではビタが基準銭だったので、ビタとわざわざ記す必要がなかったが、上野国から東では永楽通宝が基準銭だったため、ビタと永楽通宝とを対照して記し始めたことを示す。つまり、このころ碓氷峠あたりを境に西はビタを、東は永楽通宝を基準銭とする地域に分かれていたわけだ。

さて、奥羽仕置で出した法である。この法は、東日本で現物が少なくなり、計算貨幣化しつつあった基準銭である永楽通宝と、畿内をはじめ西日本で基準銭として定着しつつあったビタとの換算比を定めた。そのときに基準銭としたのはどちらだったのか。

別の記録によれば、このころ秀吉は、ビタを基準銭に採用したらしい。天正二〇年（一五九二）、秀吉政権は大陸出兵にあたり、名護屋と京都・大坂との間での軍事的な通信・輸送を円滑にするための制度を整えた。そのなかで、公用の輸送料を馬一頭一里あたり「精銭」

一〇文と定めた。この精銭を同じ記録は「一文遣之《つかいの》精銭」すなわち一枚で一文として使う銭、とも表現している。この「一文遣之精銭」が、畿内の基準銭だったビタを指すらしい［本多二〇〇六］。

また、この記録と同年の、秀吉の正室である北政所《きたのまんどころ》が持っていた領地の目録をみると、摂津国平野《ひらの》荘（杭全《くまた》荘とも。現大阪市平野区）からの納税額のうち、米建てで三六九石にあたる分につき、「びた銭」で三六九貫文を納めるよう定めた。米一石＝銭一貫文は、中世における伝統的な基準比価である。例えば、一二世紀末ごろに朝廷の法曹官僚がまとめた法律書『法曹至要抄《ほっそうしようしょう》』に、建久《けんきゅう》三年（一一九二）に公定した価格としてみえる。秀吉政権が米一石＝ビタ一貫文と定めたことは、ビタを基準銭にしたことを示す［高木二〇一〇］。

つまり秀吉は、奥羽仕置で出した法でビタを基準銭としたうえで、東日本で慣用されていた基準銭（永楽通宝）との換算比を法で定め、銭の使用に関する秩序を西日本と東日本とで結合しようとした。永楽通宝でなくビタを基準銭にしたのは、信長の政策の延長線上にある。

なお、秀吉政権の時代における、東日本の記録に登場する「永楽」の語が、永楽通宝の銭文をもつ銭を指すとは限らない、との説が近年示された［川戸二〇一七］。いわく、豊臣政権の時代の東北における「永楽銭」には、収税での基準銭（計算貨幣）としての永楽通宝を指す用法と、このあたりで流通していた、実際に収税の対象となる銭（非基準銭？）を指す、つまり永楽通宝の銭文を持つもの以外も含む、銭一般を意味する語としての用法とがあった、というものだ。現在、一〇円青銅貨など、円形方孔でない小額の金属製の貨幣を、もともとの語義では「銭」にあたらないにもかかわらず「小銭」と呼ぶことがあるが、これと同じような感覚といえようか。

撰銭と銭の階層化が再び起こる

秀吉政権がビタで銭を統合する、すなわち銭の階層化や地域差をなくし基準銭を全国的に統一する方向にあったことは、ある問題を生んだ。またも撰銭と銭の階層化である。

まず、撰銭についてみてみよう［川戸二〇一七］。一五九〇年代、大名や公家など京都における政治支配者層の間で贈与を支払うときや、京都や奈良での売買で、人々は特定の銭を「悪銭」と呼んで受け取りを嫌い、これに伴いトラブルが起きた。

銭の統合が進むなかで、なぜ撰銭が起こったのか。

日本列島を政治的に統一し、大陸への出兵や大規模な建設事業（大坂城など）を行うにあたり、秀吉政権は、地方から京都と大坂など上方《かみがた》に物資と人を集中させる物流機構を整備した［本多二〇一五］。また、秀吉政権はビタを基準銭とした。慣行ではビタを最低品質銭以外すべてと定義していた。しかし、ビタのなかにも品質などに差がある。京都などへ全国各地から集まった人々が全国各地から集まった銭を受け渡しする現場では、どれからどれまでを通用する対象（狭義のビタ。旧来の基準銭以外かつ最低品質銭以外）とするか、それぞれの人が帰属する地域や団体などによって、定義が違っていた。そのため、銭を受け渡すときに人々は撰銭したわけだ。

次に、銭の階層化についてみてみよう［川戸二〇一七、高木二〇一七］。これはビタの内部で起きた。

ビタが階層化したのは、撰銭が再び目立ち始めたことと似た理由による。政府はビタを基準銭にした。しかし、人々のなかでビタの定義に揺れがあったため、撰銭が起きた。とはいえ、銭は不足していた。一六世紀末には、経済的に意味のある量の銭は輸入されていないと考える向きもある［黒田二〇一四］。秀吉政権も銭を発行しなかった。

そこで人々は、いまある銭を最大限に活用するため、ビタのうち、特定の銭を受け取るか拒むかの二者択一ではなく、ビタのなかで銭をランク付けし、それぞれの階層で価値に差をつけるようになった。一五世紀に銭が階層化したときと同じような話である。

ビタが階層化したことを示す早い例として、天正一三年（一五八五）にあった伊勢神宮の式年遷宮に関する記録がある。経理において、ビタのなかで「よき《良》」と評価するものを記している［千枝二〇一四］。

その他、一六世紀末には、紀伊国芳養《はや》（現田辺市）を拠点とする有力武士だった湯河《ゆかわ》氏の家に伝わる、米の売買に関する記録がある。「十文《もん》めのひた」と「九文め五分《ふん》のひた」とを分別している。特定の数量で銀十匁もしくは銀九匁五分（分＝1／10匁）と等価の、二種類のビタがあったわけだ［高木二〇一七］。

一五九〇年代の記録に目立つようになるが、京都では、ビタのうち、価格的に上層のものを「上銭」と呼んだ。また、「中銭」「下銭」という銭種があり、これらは上銭より低い価値で使われた［小葉田一九六九］。

上銭の語は、東日本でも確認できる。常陸国に関するもので、一五九〇年代前半に佐竹氏が出した文書にある［川戸二〇〇八］。畿内だけでなく、地理的に広く上銭の名が使われていたわけだ。上・中・下よりさらに細分化したカテゴリもあった。紀伊国高野山《こうやさん》（現高野町）に関する一五九〇年代の記録に「中ノ下」という銭の名がある［高木二〇一七］。

このように、政府はビタを等価値で通用させようとした一方で、撰銭が起き、人々は自律的にビタを階層化させた。ビタによる銭の統合はすんなりとはいかなかった。

銭より金・銀を優先する

奥羽仕置ののち、秀吉が没するまでの一五九〇年代に、彼が銭に関してどのような政策をとったのか、それを示す記録はみつかっていない。記録がないということは、史実としてなかったことを意味しないものの、秀吉政権が銭政策に消極的だったことは事実らしい。

どうして消極的だったのか。

その理由の一つに、このころの秀吉政権は高額貨幣の発行を優先したので、小額貨幣である銭に関する政策の優先順位が低かったという事情がある。

そのことは、銭に関する政策の存在感が弱まる代わりに、金・銀に関する政策の存在感が強まっていたことが示している〔高木二〇一六〕。秀吉政権は一五九〇年代、日本各地にある金山を直轄にすると宣言したり、国内の銀山で採れた銀で銀貨をつくって大陸出兵の軍費に使ったり、銀貨を製造する業者の団体（常是座《じょうぜざ》）をつくったり、軍費や褒賞の支払いに使う大型金貨（大判《おおばん》）を製造する業者を指定した（京都の金属加工業者だった後藤《ごとう》家）。このように、国政を運営するために必要な高額貨幣を優先して発行したが、庶民が求める小額貨幣である銭は供給しなかった。

ただし、あくまで結果論だが、秀吉政権が発行した銀貨は、貨幣に対する庶民の需要に応えた。理由は大きく三つある。

①銀貨は銭に比べて単位質量あたりの価値は高いが、金貨ほどでないので、庶民が行う売買でも使わなくはない額面の貨幣だったこと。

②銭が不足したこと。一六世紀末、銭の輸入はほとんどなく（先述）、秀吉政権も発行しなかった。小額貨幣への需要は、日本でつくられた模造銭や銭以外の財、例えば米や銀

秀吉の時代の銀貨（博多御公用銀）★

秀吉の時代の金貨（大判）★

が応えた。
③撰銭が頻発したこと。先にも述べたとおり、ビタが基準銭となったが、定義が人によって異なったので撰銭が起きた。人々は撰銭を避けるために、銭以外の交換手段を使うことにし、その一つとして銀を選んだ。撰銭を避けるため紙媒体を使うようになった話（第一章）と似ている。

ちなみに、秀吉政権は金製そして銀製の銭をつくらせたらしい。永楽通宝または天正通宝の銭文を持つ金製の銭・銀製の銭、そして文禄通宝の銭文を持つ銀製の銭が現存する。秀吉が、土佐国の大名である長宗我部元親《ちようそかべもとちか》の侍女に、褒賞として「金銭」を与えたとの記録がある［高木二〇一〇］。先に示した金製の銭のうちのどれかだろう。

天正ならびに文禄は、秀吉が活躍した時期の年号（西暦一五七三〜九六）である。日本で製造を再開して以来つくられた有文銭が中国銭の模造だったことと異なり、天正通宝・文禄通宝という銭文には、無文銭よりさらに強いナショナリズム的な思想を発行者が持っていたことをみてとれる。ただし、天正通宝と文禄通宝は永楽通宝の「永楽」の二字を削り、そこに天正または文禄の字をはめこんだ母型を使ってつくられたものである。ナショナリズム的な思想があるといっても、デザインはほぼパクリのやっつけ仕事だった。

いずれにせよ、これらは大判などと同じく、政治支配者たちのなかで使う褒賞または贈与の支払手段に留まった。庶民が必要とする貨幣を供給するという考えによるものではない。その一方、民間が独自に、日本年号の銭文を持つ青銅銭をつくっていたらしい。慶長通宝である。慶長は西暦一五九六年から一六一五年、つまり秀吉の晩年から大坂夏の陣があった年までの年号である。これが日本各地で出土している。実際に流通していたわけだ［櫻木二〇〇九］。

慶長通宝は江戸時代の後半にも流通していた。丹波《たんば》国福知山《ふくちやま》藩（現京都府福知山市）藩主で蘭学と古銭学をよくしたことで有名な朽木《くつき》昌綱《まさつな》がまとめた、寛政《かんせい》元年（一七八九）初版の銭カタログ『古《こ》今泉貨鑑《こんせんかかがみ》』は、この本を編纂したころ、慶長通宝が流通していたことを記している［高木二〇一七］。

天正通宝（金銭）★

慶長通宝★

一七世紀初めの明の、とある政府高官による記録をみると、秀吉や家康が統治していたころの日本社会を語るにあたり、日本ではもっぱら洪武通宝と永楽通宝を模造し、日本年号を持つ銭は通用しない、とある［高木二〇一七］。しかし、慶長通宝の存在が示すように、このころの日本では日本年号を持つ銭が流通していた。

記録だけではわからないことを考古学的知見が教えてくれる良い例だ。

伝統が贈与の支払いを拘束する

秀吉政権の時代に高額の支払いで金・銀を使うことが目立つようになったが、そのすべてが金・銀に置き換わったわけでもなかった。とくに目をひくのが、贈与を支払う場面である。先に述べたように、このころ、贈与の支払手段に金・銀が使われたが、銭を使うことも目立っている。このことは信長政権の時代から続いているので、時期をさかのぼってみてみよう［高木二〇一〇、高木二〇一七］。

天正一〇年（一五八二）、信長は伊勢神宮へ、その遷宮にあたり銭三〇〇〇万文を寄付した。美濃《みの》国岐阜《ぎふ》城（現岐阜市）の蔵にあった銭を充《あ》てたが、信長は「銭をつなぐ縄が腐っているだろうから、つなぎ直せ」と命じた。そして海路で送った。

銭現物で三〇〇〇万文といえば一一トンほどで、岐阜から伊勢神宮まで約一五〇キロメートルである。同じ額を送るなら、銭をつなぐ縄をあつらえる費用や輸送にかかる費用を考えれば、金や銀を使うほうが経済的には合理的だ。にもかかわらず、わざわざ銭を使ったのは、経済的な合理性以外の理由があったことになる。

おそらくは「神社への寄付は銭を使うべし」という伝統的なコード、すなわち社会通念があったのだろう。現在、目上の人へ現金を贈与することは失礼であり、現金以外のなんらかの財で行うべし（そして、それにもさまざまな制約がある）、というコードが日本社会の一部にある。これとは逆に、贈与の支払いは銭で行うべし、というコードがあったわけだ。

同じような例は、秀吉政権の時代にもある。播磨国斑鳩寺《いかるがでら》（現太子町）に関する、天正二〇年（一五九二）に比定されている記録がある。斑鳩寺は、秀吉に年替わりの祝儀を贈るべく、小寺休夢《こでらきゆうむ》に銀を送った。小寺は、播磨国出身の大名である黒田孝高《よしたか》の叔父で、御伽衆《おとぎしゆう》という、秀吉の談話相手をつとめる職だった。要は秀吉の近くに仕え、斑鳩寺と秀吉とを取り次ぐ立場だった。小寺は銀を銭に替え、秀吉には銭を進上した。秀吉は、斑鳩寺に「青銅百疋（銭一〇〇〇文）」を受贈したことを感謝する旨の礼状を送った。このエピソードは、贈与の支払手段に銀を使うことが、必ずしも社会的に認められていないこと、そして「秀吉への贈与の支払手段には、銀ではなく、銭を使うべし」とのコードがあったことを示す。

秀吉政権の時代には、ほかにも同じような例がある。一五九〇年代前半のものらしい記録によると、高野山が政権に銭一万文を贈った［高木二〇一七］。政権下の武家と吉田兼見（先述）との間での贈与でも、支払手段に銭が使われた［川戸二〇一七］。

政府に関する以外の例もある。信長政権の時代にさかのぼるが、天正八年（一五八〇）、一休宗純《いっきゅうそうじゅん》の百年忌にあたり、京都の大徳寺《だいとくじ》(かつて一休が住職だった)に銭・米・銀などさまざまなものが寄付されたが、僧侶への布施(つまり広い意味での贈与)はあくまで銭で支払われた[田中二〇〇五]。

このように、贈与の支払手段は、そのころ一般に流通していた貨幣がそのまま使われるとは限らず、伝統的なコードが拘束していた。つまり、経済的な合理性以外によっても貨幣が使い分けられていた。

江戸幕府もビタを基準銭にする

慶長三年(一五九八)、秀吉が死ぬ。徳川家康は同五年(一六〇〇)の関ヶ原《せきがはら》(岐阜県)の合戦で勝ち、覇権を握る。

同六年(一六〇一)ごろ、徳川政権は金貨・銀貨を発行した。慶長金とまとめて呼ばれる大判・小判《こばん》・一分金《いちぶ》、そして慶長銀とまとめて呼ばれる丁銀《ちょうぎん》・小玉銀《こだま》である。これらをまとめて慶長金銀とも呼ぶ。江戸幕府が発行した事実上、最初の金貨・銀貨、と研究者は評価している。

金貨は、秀吉政権で大判をつくっていた後藤家のうち江戸にいる別家が、銀貨は、秀吉政権がその製造業者を統括させた大黒《だいこく》家が、製造を管理した。つまり、江戸幕府が発行した金貨と銀貨は、秀吉政権からの連続性がある。小判の規格は甲斐国の武田氏が発行していた金貨の規格を受け継いだ。このことも、一六世紀との連続性がある。

これに対して銭については、開設当初の江戸幕府は発行していない。代わりに慶長一三・一四年（一六〇八・〇九）、幕府領を対象に、まとまった形の貨幣法を定めた［安国二〇一六、高木二〇一六、高木二〇一七］。

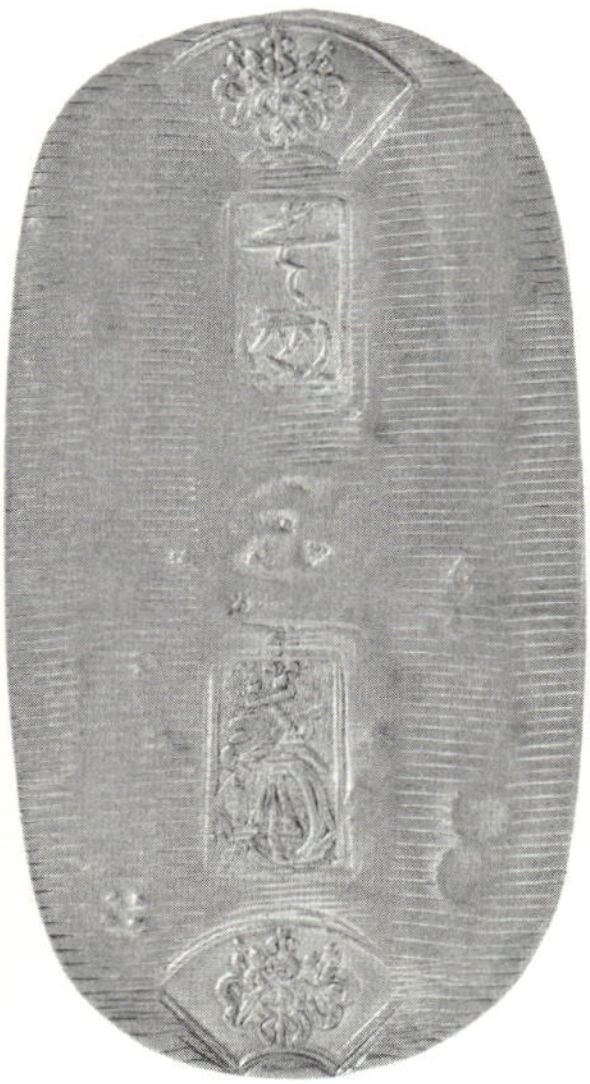
慶長小判★

慶長丁銀★

徳川家康像（名古屋市博物館蔵）

以下、この法を慶長貨幣法と呼ぶ。慶長貨幣法の趣旨は、次の三つである。

①金貨・銀貨・銭の比価を定める。すなわち、慶長金一両＝慶長銀五〇匁《もんめ》（一匁＝三・七五グラム）＝永楽通宝一〇〇〇文＝ビタ四〇〇〇文とする。

②永楽通宝の通用を停止する。

③鉛銭・大破・かたなし銭（形状不全の銭）・へいら銭・新銭（日本で民間がつくった新しい銭）の使用を禁じる。それら以外すべてをビタと定義する。

これらにもとづき納税と売買を行え、と布告した。

以下、それぞれの規定の歴史的特徴をみてみよう。

まず①についてである。金貨と銀貨のこの比価は、一六世紀第四四半期以降の日本での市価を反映している［岩橋一九九八］。

①から金貨・銀貨・銭の価値の水準がわかる。慶長金の最小単位である一分金（江戸幕府

が発行する金貨は計数貨幣だった。第一章）は、①の比価でビタ一〇〇〇文にあたる。このころ、京都の建築技術職の一日あたり賃金が銀一匁程度だった。①の基準でビタ八〇文にあたる。建築技術職でこの程度なのだから、一般庶民は推して知るべしだ。仮に建築技術職の額で換算すると、一分金一つは一二・五日分の所得にあたる。つまり金貨は庶民にとって額面が高すぎ、日常的に使うものではなかった。

一方で、銀貨は①の比価で一匁＝ビタ八〇文である。相対的に小額だ。また、秀吉政権のものもそうだったのだが、江戸幕府が発行した銀貨は秤量貨幣（第一章）だった。だから、理屈のうえではごく小さな質量、つまり小さな額面でも使える。そのため、庶民が日常の売買で使いうる貨幣だった。

なお、この法が定める比価は、あくまで江戸幕府の公用のもの（例えば収税）である。これとは別に、両替商が立てる相場など市価があった。江戸幕府は、みずから定めた比価を売買で適用せよといっておきながら、実際には金貨・銀貨を市価で使うことを許していた。

次に②についてみてみよう。永楽通宝の通用を停止しているが、①で永楽通宝と金貨・銀貨・ビタとの比価を定めている。つまり永楽通宝は計算貨幣としてのみ使わせようとしている。これは一六世紀以来、永楽通宝の現物が少なくなり、その一方で計算貨幣には使った慣行の延長線上にある。

最後に③についてみてみよう。政府が法でビタを定義した、現在確認できる最古の例である。ここでいうビタとは、要するに、最低品質銭を除いた雑多な銭の総称のことだ。②で永楽通宝の現物の通用を停止しているので、実際に流通する銭のうち一枚で一文として使うのはビタとなる。つまり、江戸幕府はこの法でビタを基準銭に採用した。

ビタを基準銭とし、銭の階層化や東日本・西日本での基準銭の地域差をなくす、つまり銭を全国的に統合する方向性は、ビタを基準銭とする慣行を追認した信長・秀吉の政策の延長線上にある。家康も、信長・秀吉の路線に乗ったわけだ。

なお、慶長貨幣法がいうビタの定義、つまり「特定の最低品質銭以外すべて」というカテゴリは、浅井長政の撰銭令がいう基準銭の定義と通じる。だから、江戸幕府の銭政策は、浅井長政までその系譜をさかのぼることができる〔高木二〇一六、高木二〇一七〕。一六世紀後半以来、慣行あるいは政策によって銭の階層化が収束し、基準銭の地域差がなくなる方向にあったが、その着地点が慶長貨幣法だった。

慶長貨幣法ではビタのことを「京銭《きょうせん》」とも表現している。これは、ビタが京都など上方の基準銭だったことを反映する、東日本側からの呼び名である。なお、室町幕府の撰銭令に京銭《せん》の語があった（第二章）が、慶長貨幣法がいう京銭（＝ビタ）とは別のものらしい。室町幕府の撰銭令に登場する京銭と毛利氏の領域で流通した南京（第二章）はともに撰銭の対象だった。つまり人々はともに低く評価していた。これに対し、南京とビタつまり慶長貨幣法の京銭との価値を比べると、ビタのほうが高い。つまり室町幕府の撰銭令がいう京銭と、慶長貨幣法がいう京銭＝ビタとは価値水準が異なる［本多二〇〇六、安国二〇一六］。

ビタを基準銭にする意図

慶長貨幣法が定められた後、ビタを基準銭とする地域が広がる［藤井二〇一四］。家康政権は、街道にある宿と宿との間の貨物輸送料（駄賃《だちん》）を、慶長七年（一六〇二）年つまり慶長貨幣法を定める前には、遠江国（現静岡県）と三河国ではビタ建てで、遠江国と境を接する駿河国《するが》（現静岡県）・信濃国と美濃国（現岐阜県）、そしてそれらより東では、永楽通宝建てで定めた。つまり、これら国々を境に基準銭を分けていた。一五九〇年代の大和田重清の日記では、信濃国でビタが基準銭だったこと（先述）と異なるのが気になるが、この時点の江戸幕府は、信濃国では永楽通宝が基準銭であるべき、と考えていたのだろう。

これが慶長貨幣法の後に変わる。駄賃に関する慶長一六年（一六一一）の法では、信濃国、そして江戸と品川《しながわ》（現東京都品川区）との間でもビタ建てで定められた。つまり、基準銭にビタを使う地域を政策的に東へと広げた。

東日本の大名も支払手段にビタを使うようになった［高木二〇一七］。慶長一六年（一六一一）、会津藩主である蒲生《がもう》家が、その出身地にある近江国馬見岡綿向《うまみおかわたむき》神社（現日野町）へ銭を寄付するにあたり、「京銭」（つまりビタ）を使っている。

ちなみに蒲生家は、同神社に寄付するときの支払手段として、慶長一一年（一六〇六）と同一三年（一六〇八）には永楽通宝も使っている。関ヶ原合戦の後、江戸幕府が大名らの所在地をシャッフルしたことで、東日本から畿内とその周辺地域へと永楽通宝が動く回路ができたことと、畿内とその周辺地域の人々が永楽通宝を嫌わなくなっていたことを示す。銭の使用に関する秩序の地域差がなくなってきているわけだ。

このように、慶長貨幣法が定められた結果、納税か売買かを問わず、政府が規格を標準化し、発行を管理する基準金貨・銀貨、そして政府が定義を示す基準銭との間に比価を定め、これら三種類の金属貨幣を併用するシステムが成立した。三貨制度ができる過程のなかでの記念碑的な政策だった。

ただし、そういったシステムをつくること自体は政策の目的でない。この法の目的は、武士たちが街道、とくに江戸と結ぶ主要街道を行軍するなかで、食事・宿泊・貨物輸送サービスなどを得るために銭を使うときのガイドラインを、公に示すことだった。

どういうことかというと、行軍するとき、最初から銭だけを持っていくとなると重くてかさばる。だから、出発時には金貨や銀貨など小さい質量と体積で高い価値があるものを持ち、行く先々で必要に応じて小額貨幣である銭に両替し、銭で支払うのが合理的である。筆者も旅行のとき、現金しか持って行ってはいけないといわれれば、紙幣を多め、硬貨を少なめにして出発する。これと似た話だ。

つまり、慶長貨幣法は迅速に軍隊を移動させ、情報を伝達するインフラを整備するという交通政策の一環だった［安国二〇一六］。中央集権的な銭制度をつくることそのものを目的とする、または国民の生活を豊かにするために貨幣制度を整える、といったグランドデザインによるものではなく、江戸幕府が全国に対する支配を安定させるための、いいかえれば江戸幕府自身の利益を守る手段の一つだった。そういえば、信長政権がビタを基準銭にした法も、具体的には軍隊の宿泊料を定めるものだった。日本の近世初期の政府は、こういったところから貨幣制度を整備し始めた。

慶長貨幣法はビタを基準銭としたものの、この時点では、規格を標準化した新たな銭を発行しなかった。高額の売買や支払いの多い政府が、財政を運営するため、必要な高額貨幣（金貨・銀貨）を優先して発行し、庶民が使う小額貨幣の供給は後回しにしたわけだ。これも秀吉政権と同じである。

それでもビタの階層化は続く

人々は、慣行によってビタを基準銭として使い、江戸幕府も慶長貨幣法でビタを基準銭とした。その一方で、一六世紀末から目立つようになったビタの階層化、すなわち上銭・中銭・下銭などに分化させる慣行は、一七世紀に入っても続いていた。

この状況は、慶長貨幣法が定められるより前であれば、京都に関していえば、大徳寺関係の記録などにみえる［小葉田一九六九］。その他の地域では、慶長九年（一六〇四）の讃岐《さぬき》国（現香川県）や同一〇年（一六〇五）の近江国・紀伊国など畿内の周辺で、上銭と呼ばれた銭があったことが記録されている［高木二〇一七］。

慶長貨幣法が定められた後も、ビタ内部の階層化は残った。尾張国津島《つしま》居森《いもり》社（現津島市）に関する元和五年（一六一九）の記録をみるに、賽銭が上銭・中銭・下銭に分別されている［千枝二〇一六］。常陸国鹿島《かしま》神宮（現鹿嶋市）に関する同年の記録にも上銭の記載がある［川戸二〇〇八］。寛永四年（一六二七）刊行の、京都出身の数学者である吉田光由《よしだみつよし》による和算書『塵劫記《じんこうき》』をみるに、このころ流通していた銭に上銭と中銭との区別があり、上銭一〇〇〇文＝銀一七匁、中銭一〇〇〇文＝銀一五匁四分という価格差があった［中川二〇一四、古賀二〇一六］。つまり、中銭は上銭の約九〇％の価値だった。ちなみに、一五八〇年代の摂津で基準銭の6／7に評価する減価銭があった（第二章）が、これと減価率が近い。オランダ東インド会社の平戸《ひらど》（現長崎県平戸市）商館員の記録をみると、江戸幕府は、寛永一三年（一六三六）に寛永通宝を発行するにあたり、地域によって「成分を異にし、また価格を異にしている（中略）旧銭」を回収して素材にあてた、とある［安国二〇一六］。旧銭とはビタのことだろう。

このように、ビタの階層化は慶長貨幣法が定められた後も、京都や畿内とその周辺地域だけでなく東日本も含めて地理的に広く残った。慣行と政策の双方がビタを基準銭にする方向にあったものの、その内部の分化もまた続いたわけだ。

なお、一六一〇〜二〇年代の彦根藩《ひこね》（現滋賀県）は、その経理記録で上銭を基準銭とし、そのうえで上銭・中銭・下銭を等価としている［高木二〇一七］。つまり、彦根藩はビタを階層化させる慣行を知っていたが、ビタをすべて等価とする江戸幕府法に準拠して会計を処理した。ちなみに同時期の彦根藩は、江戸幕府による金貨・銀貨の統合政策に準拠し、慶長金銀を基準金貨・銀貨として会計を処理している。ここには、江戸幕府が関西の抑えとして彦根に配備した譜代である井伊家が幕府法を遵守するという、きまじめな姿勢がみえる。

藩と民間による銭の供給と輸出

ここまで、一七世紀初めに江戸幕府ができたころの話をしてきたが、そもそも銭は不足ぎみだった。小額貨幣に対する需要には、あい変わらず日本各地の民間でつくられた模造銭や無文銭が応えた［安国二〇一六］のに加え、一七世紀の初めになると、地方政府すなわち藩も独自の銭を発行するようになる。藩銭である。

一七世紀とくに前半にいくつかの藩が、必ずしも江戸幕府の許可を得ず、独自の金属貨幣（主に銀貨）を発行した。これを領国貨幣という。一六世紀に大名たちが独自の金貨と銀貨をつくっていた、その延長線上にある。

領国貨幣には銭、つまり藩銭もあった。江戸幕府が寛永通宝を発行する前には、水戸藩、萩《はぎ》藩（現山口県）、小倉《こくら》藩（細川家。現福岡県）、秋田《あきた》藩（現秋田県）、佐賀《さが》藩（現佐賀県・長崎県）などがつくっていた［伊東一九八四、川戸二〇〇八、古賀二〇一六、安国二〇一六、高木二〇一七］。考古学的には、鹿児島《かごしま》藩（現鹿児島県）島津家（?・）が模造洪武通宝（加治木銭）をつくっていた様子が明らかになりつつある（第一章）。

一七世紀初めに藩や民間が銭をつくったことには、三つの背景がある。

①銭の不足と需要の高まり。藩銭を発行した地域が九州北部と中国地方西部に多いのは、小額の金属貨幣に対する需要が、このあたりでとくに高かったからだ。同じく西日本で登場する藩独自の貨幣でも、紙製のもの、すなわち藩札（後述）の前史に位置する。

②技術面の発展［安国二〇一六］。技術革新（量産化）が起こり、製造組織の整備が進んだ。これは一六世紀までもあった銭の模造の延長線上にある。

③素材供給の拡大［伊東一九八四、桜井二〇一七］。一六世紀末から一七世紀初めにかけて、日本で銅山の開発ラッシュと増産が起きた。代表例に長登銅山（第一章）や、一六一〇～二〇年代ごろ開かれた常陸国宮田《みやた》銅山がある。前者は萩藩と小倉藩の藩銭の、後者は水戸でつくられ輸出された銭の素材を提供したらしい。

藩銭の例として、寛永元年（一六二四）に小倉藩が発行したものを紹介する［川戸二〇〇八、古賀二〇一六、安国二〇一六］。これは中国銭を模造したものと思われるが、不詳である。製造は商人に委託し、通用範囲は領域のなかとされた。しかし、小倉藩の銭は人気がなく、人々は藩が定めた銀との比価より減価して使った。藩政府のもくろみは失敗したわけだ。

これに関連して、貨幣を管理する権限について、小倉藩政府の当事者がどのように認識していたかがうかがえるエピソードがある。寛永九年（一六三二）、江戸幕府の使者が肥後国へ行くときに小倉藩を通ることになった。藩主だった細川忠利《ただとし》は、「地域により基準銭が異なるが、使者は、江戸幕府が全国共通の基準銭に定めたビタを使おうとするだろう」、と予想した。そこで領域のなかの旅館業者にビタを受け取らせ、かつそのビタを藩が買い上げる、と決めた。これに対して藩主の父である忠興《ただおき》は、「江戸幕府の使者に気をつかいすぎることはよくない」、と反対した。忠興は、領域のなかの貨幣管理権は藩にある、と考えていたからだ。貨幣は中央政府が発行と流通を管理すべしとの意識は、模造銭をつくっていた民間はもちろん、大名にさえこのころ必ずしもなかった。

小倉藩の話については余談がある。細川忠利は銭をつくるにあたり、古びたようにみえるように加工せよ、と命じた。人々が古い銭を好んだからだ。一五世紀末から一六世紀にかけての現象と同じである。使い古された貨幣を好むことは、経済的な合理性からも説明できる（第二章）。

一七世紀の初め、すなわち寛永通宝を発行する前に日本でつくった銭に関し、もう一つ注目すべきことがある。あい変わらず続いていた、銭の輸出である。

例えば、民間がつくった銭は、琉球やベトナム・ジャワなど東南アジアへ輸出された［安国二〇一六、川戸二〇一七］。東南アジアへの輸出を担ったオランダ東インド会社に関する記録によれば、その中身は「サカモト」「ミト」つまり近江国坂本と常陸国水戸でつくられた銭や「ヌメ」（「滑」？）と呼ばれた無文銭などだった。サカモトは輸出先で最良のものとして通用した。藩銭も輸出された［古賀二〇一六］。例えば、小倉藩の藩銭がベトナムに輸出された。

不足ぎみだったのに輸出されたのは、一五〜一六世紀と同じく、より有利な市場へ供給するという論理ゆえだ（第一章）。

銭不足が紙幣を登場させる

小額貨幣が不足したため、民間や藩が銭をつくったことに加え、銭以外の小額貨幣を発行する動きがあった。紙製の貨幣、いわゆる紙幣の登場である［鹿野二〇一一、千枝二〇一五、高木二〇一七］。

江戸時代の紙幣というと、藩が発行したものすなわち藩札《はんさつ》がよく知られる。しかし実は藩札より先に紙幣はあった。商人など民間が発行した紙幣、すなわち私札《しさつ》である。

現在確認できる最初の私札は、一六一〇年ころに伊勢国で登場した山田《やまだ》羽書《はがき》である。縦長の長方形で、割符《さいふ》など中世の日本における手形と同じだ。

山田羽書は、伊勢神宮の門前町である山田《ようだ》（現伊勢市）で使われた。神宮周辺の商店などを訪れる参詣者らが商品券のように使うことを想定し、伊勢御師《おんし》（伊勢神宮の参詣者の祈禱や宿泊を手配する代理業かつ旅館業者）が発行した。

参詣者が使うことを想定して発行されたことは、その額面からも察することができる。銀貨建てで、主に一匁以下である（ちなみに、発行者が額面の銀貨と兌換することを約束する文言が券面にある）。中世の日本における手形の額面は高額だった（第一章）が、これに対して山田羽書は相対的に小額であり、庶民が日常の売買で使う範囲の額だった。つまり、貨幣に対する庶民の需要を背景に山田羽書は登場した。ここが、政府の財政需要をみたすことを目的に発行した古代朝廷の銭や秀吉政権・江戸幕府の金貨ならびに銀貨、そして後に述べる藩札と異なる。

山田羽書と同じころに登場した私札のもう一つの例が、民間事業者が河川を開削したり、

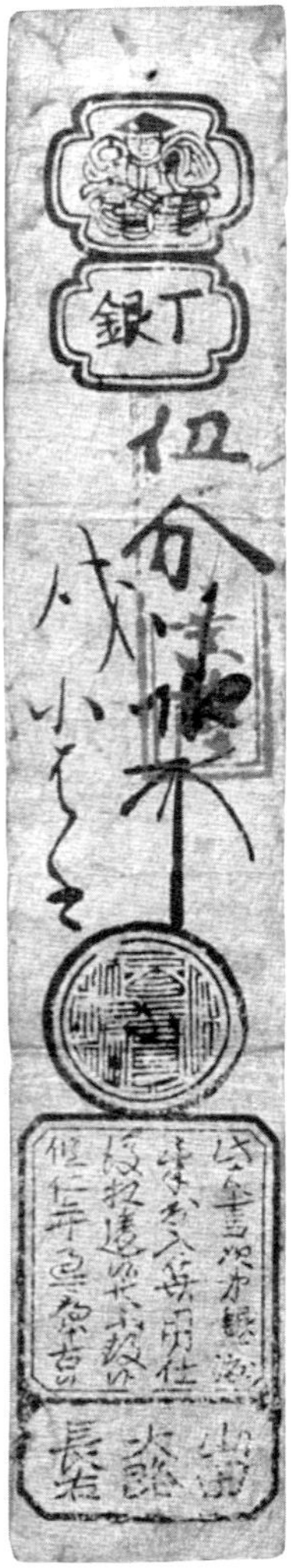

山田羽書★（縮小）

新田を開発するなどの事業を行うにあたって発行されたものだ。代表例に、元和三年（一六一七）発行の大坂江戸堀《えどぼり》河銀札や、同八年（一六二二）発行の和泉国堺木地屋《きじや》銀札がある。

流通する回路は次の通りだ。企業は、事業を行うとき、私札を発行し、労働者に賃金として支払う。労働者は私札を交換手段として、衣・食など日常消費物資を、発行主体と提携する供給者（商人など）から得る。これは古代日本の銭が流通する回路と似ている。古代の日本政府は、平城京や平安京を建設するとき、銭を発行し、労働者に賃金として支払った。労働者は銭を交換手段として、日常物資を、政府と提携する供給者（政府が管理する市など）から得る。

このように、私札は、庶民が行う小額の売買にあてる目的で登場した。このことに関して留意すべきが、私札の多くの額面が銭建て（文単位）でなく、銀貨建て（匁または分単位）で記されていることである。私札が登場する前の時期では、小額貨幣といえば銭だった。小額貨幣が不足して私札が登場したのならば、その額面は銭建て、すなわち文単位でもよいはずだ。では、なぜ銭建てでなく、銀貨建てだったのか。

理由の一つが、このころ銭の階層化が続き、基準銭に地域差があったという現実である。一六世紀後半以来、ビタを基準銭とする慣行が地域を越えて広まり、信長政権・秀吉政権・開設当初の江戸幕府は、ビタを基準銭にしたものの、ビタ内部の階層化も起こっていた。もし、私札の額面が銭建てだとすると、ビタの定義の揺れやビタ内部での階層化があるので、私札を持っている人は、その人が基準銭として期待する銭と兌換できるかどうかが確信できない。そうであるならば、人々は私札を受け取ることを嫌がるだろう。このように、基準銭の統合が未熟だったため、つまり一枚で一文とする銭の定義を人々が必ずしも共有していなかったため、私札を発行するにあたって銭建ての額面を使わなかった、と考えられる。

もう一つの理由が、価額を銀貨建てすなわち匁系単位で記す、いいかえれば銀を価値尺度にする慣行が広まっていたことである。一六世紀第四四半期から一七世紀初めにかけて、大和国・紀伊国・播磨国など畿内とその周辺地域で、銀質量を価値尺度に使う慣行があった（いわゆる狭義の銀遣い。第四章で再論）〔高木二〇一七〕。山田羽書が登場した伊勢国も同じだったと筆者は予想している。このような状況で、私札の額面が銭建てだったならば、私札を使うときにその都度、銀と銭との価値を換算する手間（つまり取引費用）が生まれるので、不便だ。

これに関連するのが、山田羽書の券面に印刷している大黒天《だいこくてん》像の図案と、山田羽書と銀貨現物との兌換を約束する文言である。慶長丁銀には大黒天像の刻印を持つものがある。つまり、山田羽書と慶長丁銀とは、見た目に共通性がある。慶長銀をつくっているのは大黒常是である。江戸幕府が発行し、規格を標準化している慶長銀を暗示する図案があることで、慶長銀と兌換できることを、山田羽書を持っている人は直感的に認識できる。

まとめるに、現実として基準銭が完全に統合しておらず、規格を標準化した銭もなく、その一方で、標準化した銀貨が通用していたので、山田羽書の額面は銀貨建てにされたというわけだ。裏を返せば、山田羽書の額面が慶長銀建てであることは、江戸幕府が発行するもので銀貨の統合が進んでいたことを示している。

ただし、江戸幕府のもので銀貨が統合していたことと、その供給が潤沢だったかどうかということは別の問題である。銀貨の供給が潤沢ならば銀貨を使えばよい。そうではなく、銀貨建てで商品の価額を記すようになった一方で、銀貨（ならびに銭）が不足したからこそ、銀貨建ての紙幣が登場した。実際、記録から推測するに、山田羽書が登場したころ伊勢神宮の辺りでは慶長銀の現物が不足ぎみだったらしい［千枝二〇一一］。紙幣は金属貨幣が不足したときに使われ始めることが世界史的にも多い（第一章）。そのことは日本も同じだった。

銀貨建ての紙幣が登場した他の理由には、極小質量（一匁以下）の銀貨をつくることが難しいことや、銀貨を輸送したり秤量する手間、つまり取引費用を節約しようとしたことがある。

余談だが、日本での紙幣の登場（一七世紀初め）は世界史的にみた場合、一一世紀の中国、一五世紀の朝鮮とベトナムにつぐものであり、世界初の銀行券であるストックホルム銀行券のとの間の時期に登場した［高木二〇一六］。（一六六一年）よりは早い。つまり、東アジアでは遅いほうであり、それらとヨーロッパのも

私札の後を追って藩札が発行される

私札の後を追って、地方政府が紙幣つまり藩札を発行し始める。

藩札に関する最古の記録が、寛永七年（一六三〇）の備後国福山藩《ふくやま》（現広島県）のもの、発行年を明記する最古の現物が、寛文《かんぶん》二年（一六六二年）の福井藩《ふくい》（現福井県）のものである［鹿野二〇一一、福井市立郷土歴史博物館二〇一二］。福井藩のものから後、一七世紀後半以降の全国各地、とくに西日本で藩札を発行する例が増える。

藩札が発行されたのは、大きくみれば私札と同じく、銭や銀貨など小額貨幣の不足が背景にあり、銀貨を使うときの取引費用（秤量する手間など）を節約する目的があった。より直接的な理由は財政補塡だった。江戸幕府が発行した貨幣は藩を越えて通用するので、藩の財政支出で使うため領域内から回収し、代わりに領民へ藩札を渡し、交換手段として使わせた。

遠隔地交易での交換手段を領域のなかから集める姿勢は、一五～一六世紀、同じような機能を持っていた基準銭を領域のなかから集めようとした大内氏の撰銭令（第二章）と似てい

る。藩札の額面は小額だが、小額貨幣に対する需要をみたして領域の庶民の生活を豊かにするという目的はない。そこが私札と異なる。ただし、結果的に庶民は藩札を受け入れることになる。小額貨幣を求めていたからだ。

また留意すべきは、私札・藩札が登場したのが、寛永通宝より先だったことである。江戸幕府が規格を標準化した銭を供給するより前に、民間ならびに地方政府は、銭（民間模造銭と藩銭）ならびに紙幣（私札と藩札）を独自に発行し、小額貨幣の不足に対処したわけだ。

福井藩札★

覇者たちは銭をつくらずビタに頼る

本章では、信長・秀吉・家康の時代に、ビタを基準銭とする慣行が生まれ、政府がそれを追認した現象を中心に、銭が統合していく、すなわち階層化と地域差がなくなる方向性があったことと、またそれに反する方向性もあったことについて語った。

改めてまとめるに、従来の非基準銭以外、かつ最低品質銭以外を通用対象とする（つまり日本でつくった模造銭も含む）狭義のビタの定義は、慣行として成立した。ビタは一五七〇年代に存在感を強め、人々は基準銭に使い始める。その慣行を信長政権が追認し、その路線を秀吉政権、そして江戸幕府も受け継いだ。江戸幕府が示したビタの定義も、一六世紀後半における狭義のビタの定義の延長線上にあった。つまり、近世的な銭統合は一六世紀にあった慣行の延長線上にあった。一六世紀と一七世紀の日本貨幣史は連続性が強い、ともいえる。

秀吉政権がつくらせた金貨と銀貨も、民間がつくっていたものを追認したものだった。江戸幕府が成立とほぼ同時に発行した慶長金銀も、秀吉政権の金銀の規格を受け継いだ。このように、日本でつくられた銭・金貨・銀貨を併用するシステムすなわち三貨制度は、民間が発行した銭・金貨・銀貨を統一政権が追認したものだった。

そして、秀吉政権や、開設当初の江戸幕府は金貨と銀貨を発行したが、庶民が使う銭は発行しなかった。財政支出に必要な高額貨幣を発行することを優先したからだ。貨幣に対する人々の需要をみたして人々の生活を豊かにするという発想を後醍醐天皇や室町幕府は持たなかったが、秀吉や家康ら戦国の覇者たちもまた同じだった。

これに対して、民間は一七世紀に入ってもあい変わらず模造銭をつくっていたし、一七世紀初めには、地方政府すなわち藩も金貨・銀貨に加え銭を発行した。なお、民間も模造銭に加えて金・銀の地金をつくっており、人々はこれらも貨幣として使った。つまり、一七世紀初めに江戸幕府が金貨と銀貨（慶長金銀）を発行したのち、寛永通宝を発行するまでの間、地方政府と民間も金貨と銀貨を供給し、さらに銭を供給していた。このことは、もっと知られてよい。

近年の歴史ドラマをみていると、為政者や英雄たちが「みんなが笑って暮らせる世の中をつくる」といったセリフを口にする場面にやたらとあう。そういう目的で経済政策が実行されたというのは、あくまでドラマのなかだけの話だ。むしろ民間によって、一七世紀にもつくられ続けた模造銭や、一七世紀に入って発行され始めた紙幣である私札こそが、貨幣に対する庶民の需要をみたすため、供給された。

もう一つ、留意すべきことがある。広い地域で人々がビタを基準銭として使うようになり、政府もビタで銭を統合しようとしたのに対して、ビタのなかが上銭・中銭・下銭に分かれ、市価に差ができたように、銭を階層化させる慣行が一七世紀になっても続いたことだ。そもそも、一七世紀に入ってもビタや上銭の語をわざわざ記したのは、それら以外にも銭のカテゴリがあると人々が認識していたからだ。ビタによる統合は完全でなく、この状況が寛永通宝が登場する直前まで続いた。家康らの思い通りにはいかなかったわけだ。

さて、江戸幕府は（中国産を含みうる）永楽通宝の通用を停止した以外は、通用対象とする銭がどこでつくられたものかを問うていない。つまり、江戸幕府が基準銭にしたビタは、日本でつくられた銭を含む。一六世紀前半までの撰銭令では、銭文がある日本産の銭につき、その通用を制約することが多かったが、一六世紀後半に入り、浅井長政や秀吉などは通用を許した。そして、これまで日本でつくられてきた模造銭は、ビタに収斂した。加えて、一七世紀に入ると、地方政府すなわち藩が独自に銭をつくった。

これら日本でつくられてきた銭、そしてそれを含むビタを継ぐ者として、寛永通宝が登場する。章を改めてみてみよう。

第四章　銭はどうなったのか——寛永通宝とその後

寛永通宝はビタのなれの果て

三代江戸将軍である徳川家光《いえみつ》のもと、江戸幕府は寛永一三年（一六三六）に寛永通宝をつくり始めた。一七世紀初め、民間や藩は模造銭や紙幣をつくっていた（第三章）が、それに遅れて中央政府である江戸幕府も、その設立から三〇年以上経って、ようやく小額貨幣を供給し始めた。

寛永通宝が登場したことで、中央政府が三種類の金属貨幣を供給する体制が整う。近世の日本政府が生産を管理する金貨・銀貨・銭を併用するシステム、すなわち狭義における三貨制度の成立を画すできごとである。

江戸幕府が寛永通宝を発行した長期的な背景が、小額貨幣の不足と、このころ日本で起きた銅山の開発ラッシュである（第三章）。

短期的な背景としては、寛永一二年（一六三五）に参勤交代《さんきんこうたい》（大名が江戸での滞在と領地への帰還とを一定期間ごとに交互に行うこと）を制度化したことがある［安国二〇一六］。参勤交代を始めることが、なぜ江戸幕府が銭を発行することにつながるのか。

参勤交代で行軍する武士たちが、宿で食糧費や宿泊費を支払おうとする。そのために必要な大量の銭を持って長旅に出るのは、兵たちにとっては負担である。だから、金貨や銀貨など小さい質量と体積で高い価値を持つ貨幣を持って出発し、行く先々で小額貨幣である銭に両替する。大和田重清が大陸出兵に関連して、肥前国から常陸国へ帰ったとき（第三章）と同じような話だ。武士たちが銭に両替できるようにするためには、街道沿いの各地に十分な量の銭がストックされている必要がある。もし銭が不足すると、金貨・銀貨との相場が銭高になる。これは、金貨や銀貨を銭に両替し、行軍中の経費を支払う武士にとって不利だ。だから、江戸幕府は銭の供給を増やそうとした。

徳川家光像（金山寺蔵）

つまり、寛永通宝が発行されたのは、軍隊が移動するのに必要な小額貨幣の不足を緩めて銭相場を安定させるため、要は、武士身分の利益を守るためだった。寛永通宝の発行が、交通政策の一環であることは、信長政権がビタを基準銭に採用した法や、慶長貨幣法と共通する。国民一般の生活を豊かにするという発想は、あい変わらずない。

もう一つ、短期的な背景として、寛永一一年（一六

寛永通宝★

三四）に徳川家光が京都に入ったときの一件がある［安国二〇一六］。家光は、父で二代江戸将軍だった徳川秀忠《ひでただ》が死去してみずからの親政が始まったこと、そして朝廷との関係が良いことを人々にアピールするため、軍隊を率いて京都に入った。これにあたり、家光や江戸幕府の高官らは、近江国坂本で銭がつくられ、大量に輸出されていること（第三章）を知った。銭が不足して起こる銭高は、先に述べたとおり、江戸幕府や大名にとって不利だ。そこで、銭の輸出を規制し、銭を発行する必要を家光らが感じた……という話である。

家光が入京した次の年、すなわち寛永一二年（一六三五）、江戸幕府は日本人が外国へ渡航することを禁じた。いわゆる鎖国政策の一環として学校の教科書にも載っている政策だ。これは、銭が国外へ出ていくことを抑える目的もあったらしい。

そんなこんなで、寛永通宝の発行が始まった。現物には額面が記されていないが、一枚で一文である。「寛永」という日本の年号が銭文に使われている。天正通宝や慶長通宝にもあったナショナリズム的な思想に基づく（第三章）、いいかえれば、銭に関して中国から離脱したことを主張するデザインだった。寛永から改元した後も、幕末まで寛永通宝を江戸幕府はつくり続ける。

江戸幕府は法で、幕府領か藩領かを問わず、寛永通宝は通用するとし、金貨一両＝寛永通宝四〇〇〇文＝ビタ四〇〇〇文と定めた。つまり、寛永通宝の価格水準をビタと等しくした。また江戸幕府は、江戸や坂本・水戸・萩など全国の各地に、寛永通宝をつくる請負業者の団体である銭座《ぜにざ》を設けた。そして、銭座以外が銭をつくることを禁じ、藩が銭を発行するときには幕府の許可を必要とさせた。江戸幕府が銭の発行権を独占しようとしたわけだ。

とはいえ、銭の製造そのものは民間業者に委託している。これは、民間が一三世紀後半から銭を模造していたこと、そして一六世紀には専業的に銭をつくっていたことの延長線上にある。寛永通宝をつくる前から坂本と水戸は輸出用の銭をつくっており、萩は藩銭をつくっていた。江戸幕府は技術者や設備を流用したのだろう［安国二〇一六］。またそもそも、日本でつくられた模造銭は、ビタを構成する要素の一つだった（第三章）。

つまり、価格水準の面でも生産体制の面でも、寛永通宝はビタの延長線上にある［桜井二〇一七］。寛永通宝はビタのなれの果てだった、ともいえる。

東アジア史のなかの寛永通宝

一七世紀の東アジア全体を見渡すと、日本を含め、近世前期の戦争を経てできあがった、現代の国民国家と領域が重なる諸国家が、それぞれ独自の銭を共時的に発行している。清《しん》の康熙《こうき》通宝（一六六二年発行）や朝鮮王朝の常平《じょうへい》通宝（一六七八年発行）などである。少し遅れて、ベトナム後黎朝《ごれいちょう》が一七四〇年に景興《けいこう》通宝を発行する（一六五八年に永寿《えいじゅ》通宝を発行したが、量は少ない）。

これにより、東アジア全体がともに宋銭（模造銭を含む）を使った時代から、各国がみずからの銭を発行する時代に変わった、と研究者は評価している。また、小額貨幣の発行が共時的だったことから、一七世紀は中国の周辺国家で庶民貨幣が誕生した時期である、とも評価している［櫻木二〇〇九、黒田二〇一四］。

ここで、みずからの国の銭を発行する時代に変わった、という評価について考えてみよう。一四～一五世紀以来、朝鮮・ベトナム・琉球の政府は、量を過大に評価することはできないものの、それぞれ独自の銭をまがりなりにも発行していた（第一章）。一七世紀になって日本もようやく、中国と周辺諸国のスタンダードに達した、ともいえる。

ただし、それは社会の発展段階の進み具合を意味しない。中国から銭が入ってこなくなったので、しかたなく費用をかけてつくり始めた、ともいえるからだ。一四～一五世紀の朝鮮・ベトナムなどがまさにそうだった。中国の周辺諸国の政府が独自に銭を発行するかどうかは、社会が発展しているかどうか（というか、なにをもって社会が発展していると判定するかも問題だが）を意味せず、銭の供給が単に足りているかどうかという事情も左右していた。

次に、庶民貨幣の誕生、という評価について考えてみよう。

たしかに、各国が発行した銭が結果的にそう機能したかもしれないが、少なくとも日本に限っては、政府の意図はそこになく、武士身分の利益を守ることを主に意図していた。

江戸幕府が銭に関して利益を誘導する対象を実質的に限ったのは、寛永通宝を発行した後もだった〔安国二〇一六〕。一六四〇年代初め、銭の供給が過剰になり、銭の市価が法定比価より下がった。江戸幕府は街道にある宿と宿との間の貨物輸送料を銭建てで定めていた（第三章）。だから、銭安になれば宿の収入が実質的に減る。同じころ寛永の飢饉が起こり、食糧価格が上がった。食糧高に対する銭安は、銭で食糧を買う、街道沿いや江戸に住む庶民にとって不利だ。宿や街道は、軍隊を移動させ、情報を伝達するためのインフラだった（第三章）。江戸には幕府がある。江戸幕府は政権基盤であるこれら地域の利益を守る必要があった。つまり、銭高だけでなく銭安もまた、江戸幕府にとって問題だった。そこで江戸幕府は銭高に導くため、寛永通宝の製造を止め、市場から銭を買い上げることで流通量を減らした。

つまり、庶民が視野にあるとはいっても、庶民すべてではなく、主要交通路や、政権が所在する地域が主眼にあった。あくまで、江戸将軍や武士身分の利益にもとづいている。

近年、寛永通宝を、国民に交換手段を提供するために供給された日本初の法定貨幣、と評価する向きがある［西谷／早島／中林二〇一七］。これは、桜井英治氏のかつての所論［桜井二〇〇二］に依拠したものだが、実は当の桜井氏がその見解をその後修正し、「国民一般のために貨幣を発行するという高邁な発想は、家光や幕閣たちにとってはまだ遠いところにあったのかもしれない」と語っている［桜井二〇一七］。国民の生活を豊かにするために交換手段を供給するという現代的な発想を、近代以前の日本政府の認識としてそのままあてはめることには、慎重であるべきだ。

寛永通宝が登場したことの歴史的意義をまとめる。古代以来、久々に中央政府が小額貨幣を供給したが、その目的は江戸幕府と武士身分の利益を守ることだった。江戸幕府が寛永通宝を供給し、庶民が円滑に売買できるようになったというのは、あくまで結果論だった。

さよなら、ビタ――長い中世の終わり

江戸幕府は寛永通宝を発行した時点で、ビタの通用を停止しなかった。しかし、ビタは市場から姿を消していった。

まず前提として、江戸幕府は寛永通宝を発行するにあたり、ビタを買い入れて素材の一部にあてた（第三章）。

寛永通宝が流通するようになると、人々はビタを嫌うようになった。一六四〇～五〇年代には、ビタの市価が寛永通宝の約1／2に下がった［小葉田一九五八］。江戸幕府が寛永通宝とビタを等価値と定めていた、いいかえれば、政府法が等価値使用原則を適用していたにもかかわらず、である。またまた、撰銭と銭の階層化である。人々が旧銭を嫌い、新銭を好んだのは、この時期ならではの現象である。一六世紀前半の撰銭や、藩銭を古びた見た目に加工させようとした一七世紀初めの小倉藩主の感覚（第三章）とは逆だ。

また、ビタが日本の市場から姿を消した別の理由が、輸出だった［小葉田一九五八、安国二〇一六］。江戸幕府は寛永通宝を発行したころ、その素材を確保することを目的の一つとして、銅の輸出を禁じていた。その後、日本で銅の産出が増えたため、正保《しょうほう》三年（一六四六）に銅の輸出を解禁した。すると、再び銭を輸出するようになった。家光の子で四代江戸将軍である徳川家綱《いえつな》の政権は、寛文八年（一六六八）、寛永通宝の輸出を禁じた。統制を強化したようにみえるが、その裏には、ビタなら輸出してよい、という意味がある。

ビタが市場から姿を消していったことは、考古学的にもわかっている［鈴木公雄一九九九、櫻木二〇〇九］。六道銭《ろくどうせん》という、遺体とともにいわゆる三途の川の渡し賃として埋葬する銭がある。人々は手元に持っていた銭を六道銭に使っていた。出土した六道銭を構成する銭種の組成を分析したところ、江戸幕府が寛永通宝を供給し始めると、輸入銭の銭文がある銭、すなわちビタから、いっせいに寛永通宝に切り替わったことがわかった。ビタが市場から急に姿を消したからこそ、人々はビタを急に使わなくなったわけだ。

また、ビタが姿を消したことそのものの話ではないが、地方政府が寛永通宝を積極的に導入する動きもあった［中野二〇一二］。金沢藩《かなざわ》（現石川県・富山県）は一六五〇年代に、小額の売買で寛永通宝を使うよう、領域のなかに命じた。領域を越えて流通していた、江戸幕府が発行したものではない、品質が悪い銀貨を領内から排除するためだった。領域の貨幣を管理するために、江戸幕府が発行し、全国共通で通用する貨幣である寛永通宝に頼ったわけだ。このような形でも寛永通宝は地方へ広まった。

徳川家綱政権のもと、寛文一〇年（一六七〇）、江戸幕府は「古銭」すなわちビタの通用を停止し、通用する銭は寛永通宝のみとした。中世以来、人々は、北宋銭など輸入銭や、日本でつくった模造銭を使ってきたが、ついに政府が法で通用を停止した。これにより、三種類の金属貨幣すべてが日本産となったことでも、三貨制度が成立する過程における一つの画期だった［桜井二〇一七］。

日本で再び銭がつくられるようになったことを指標とする、日本貨幣史の広義の近世の始まりが、一三世紀後半から一四世紀にかけての時期に設定できるとするならば、輸入銭と日本産の模造銭が政府の統制に関わりなく通用したことを指標とする、日本貨幣史の広義の中世の終わりは、寛文一〇年に設定できる。銭の「中世から近世へ」は四〇〇年ほどかかったわけだ。銭が統合するまでには、ビタが登場し、それが慣行と政策との双方で基準銭になり、また階層化もし、寛永通宝が登場すると、ビタは姿を消すという、紆余曲折があった。

なお「ビタ一文」の語を、単に銭の最小額面である事実を示すのではなく、小額であることをやや蔑む意味を含めて使う例は、その通用を停止した後に目立つようになる。元禄《げんろく》九年（一六九六）に成立した、浮世《うきよ》草子《ぞうし》（小説の一ジャンル）『忘花《わすればな》』に「あたら銀遣《つかい》すててびた一文ないに」とある。残念なことに銀貨をむだに使ってビタ一文もない、といった意味の、現代に近い用法だ。

中世の残照

江戸幕府は一七世紀後半に寛永通宝で銭を法的に統合したが、前の時代のような慣行も残った。三つ、紹介する。

一つめは、ビタを計算貨幣として使う慣行である［榎本一九七七］。

江戸幕府がビタの通用を停止した後も、地域によっては計算貨幣として使われ続けた。例えば伊豆国内浦《うちうら》（現静岡県沼津市）は村の自治組織の経理で「京」建ての表記を明治《めいじ》の初めまで使った。この「京」は、金貨一両＝京銭（つまりビタ）四〇〇〇文という慶長貨幣法にもとづく計算貨幣である。実際の支払いは、その時々の金貨と銭との相場にもとづき、寛永通宝などで行われた。

なお、地域によっては、永楽通宝も計算貨幣として使われ続けた。慶長貨幣法が定める金貨一両＝永楽通宝一〇〇〇文の比価は計算に便利だった。そのこともあり、東日本の一部の地域では慶長貨幣法の後も、課税するときの基準額の計算貨幣に使われた。

二つめは、銭遣い圏または文単位経理圏というべき地域の存在である［岩橋二〇一二］。これは、ビタや永楽通宝を計算貨幣に使うことと話が異なる。

江戸時代には、大きく分けて日本の東と西で、主に高額の売買で使われる交換手段に地域差があった。「東の金遣い・西の銀遣い」という。この語は、金貨建て（両単位）で行うか銀貨建て（匁単位）で行うかという、経理における価値尺度の地域差を指す場合もある（狭義の金遣い・銀遣い）。金遣い圏と銀遣い圏ともに、小額の交換手段としては寛永通宝が使われた。

これとは別に、銭を価値尺度としても使う、狭義の銭遣い圏または文単位経理圏というべき地域もあった。鹿児島藩・松江《まつえ》藩（現島根県）・盛岡《もりおか》藩（現岩手県）などでは、高額の売買でも銭建てつまり文単位で価額を記した。中近世移行期に無文銭が流通していた地域と、近世に高額の文単位紙幣が流通した地域とが重なる。その連続性に研究者は注目している［安国二〇一六］。

金貨と銀貨が高額売買に使われた近世の日本で、銭を価値尺度にしたことは異質にみえるかもしれない。しかしこれは、中世の延長線上に位置づけることができる。中世において金属貨幣単位で経理する場合は、どんなに高額の売買であろうが銭建て、つまり文単位で記された。銭遣いは、中世的な慣行が再び近世に現われたものともいえる。江戸幕府は貨幣の統合を試みたが、金遣い・銀遣い・銭遣いに分かれたように、経理慣行の地域差は残った。

三つめは、贈与の支払いに関するコードが形を変えて残ったことである［安国二〇一六］。江戸時代では、贈与を支払うにあたり、江戸幕府が発行した金貨を使うことが多かった。その額を「金X疋」というように、本来は銭の単位である疋（一疋＝一〇文。第一章）で示すことがあった。例えば、金一両（つまり小判一つ）を贈るときに、一両＝四〇〇〇文の公定比価（先述）にもとづいて「金四百疋」と記した。

この場合、受贈者の目の前では銭の現物がなく、計算貨幣としてのみ銭が使われている。贈与は銭現物で支払うべしという秀吉政権の時代にあったコード（第三章）が、支払手段は銭そのものでなくとも、その価額は銭建てで記すべしというコードに変わって、江戸時代に受け継がれたわけだ。

銭の時代の終わり

最後に、銭のその後をみておこう〔高木二〇一六〕。

江戸幕府は一八世紀以降、さまざまな額面を持ち、青銅以外も素材にする銭を発行した。発行順に、宝永通宝《ほうえい》（宝永五年〔一七〇八〕、一〇文、青銅製）、額面一文の鉄製寛永通宝（元文《げんぶん》四年〔一七三九〕）、額面四文の黄銅（銅と亜鉛との合金。真鍮とも）製寛永通宝（明和《めいわ》五年〔一七六八〕）、天保通宝《てんぽう》（天保六年〔一八三五〕、一〇〇文、青銅製）、額面四文の鉄製寛永通宝（万延《まんえん》元年〔一八六〇〕）、文久永宝《ぶんきゅうえいほう》（文久三年〔一八六三〕、四文、青銅製）がある。中世と異なり、一枚で一文を超える額面の銭を政府が流通させた。

維新を経て明治四年（一八七一）、政府は、その最初の体系的な貨幣法規である新貨条例《しんかじょうれい》を公布した。これにもとづき円単位の貨幣制度を導入した。下位の単位として銭《せん》（〇・〇一円）と厘《りん》（〇・〇〇一円）を設定した。銭という単位は、〇・〇一ドルを意味するセントを参考に、これと音が似ている、江戸時代の小額貨幣だったゼニの漢字をあてたものだった。

政府は新貨条例を公布したが、円単位貨幣の現物そのものがすぐに広まったわけでなく、人々は江戸時代の貨幣もしばらく使い続けた。新貨条例を公布した時点で政府は、外国との売買などに使う金貨と銀貨の製造を優先し、新貨条例に定める青銅貨すなわち小額の金属貨幣を発行しなかった。庶民が求める小額貨幣の供給を後回しにしたのは、秀吉政権や江戸幕府と同じだ。とはいえ、人々は小額貨幣を求めている。

そこで政府は、銭《ぜに》を新貨幣の単位に換算して使うことを許した。新貨条例を公布した同年、天保通宝＝八厘、文久永宝＝一・五厘、額面四文の黄銅製寛永通宝＝二厘、額面一文の青銅製寛永通宝＝一厘、とした。また翌五年（一八七二）に、額面四文の鉄製寛永通宝＝〇・一二五（＝1／8）厘、額面一文の鉄製寛永通宝＝〇・〇六二五（＝1／16）厘、とした。額面一文の青銅製寛永通宝つまり江戸幕府が最初に発行した寛永通宝は、新貨条例が定める額面一厘の新青銅貨を政府がまだ供給していなかったため、その需要に応えた。なお、新貨条例にもとづく青銅貨は、明治七年（一八七四）になって発行された。

その後、銭の通用は種類ごとに順次停止された。最終的には第二次世界大戦後、昭和二八年（一九五三）公布の「小額通貨の整理及び支払金の端数計算に関する法律」（小額通貨整理法）によって、江戸時代のすべての銭の通用が停止された。法律上、銭の通用する時代が完全に終わった。そして、〇・〇一円を意味する「銭」は、現在も計算単位としてだけは法律で定義されている（通貨の単位及び貨幣の発行等に関する法律、昭和六二年〔一九八七〕公布）。

おわりに

中近世移行期に限らず、過去の特定の時点と現代との連続性と異質性を知ることは、現代を相対化する（現状を絶対視しない、現状を必然と思わない）ために有益であり、それが歴史学の効用の一つだと筆者は思う。貨幣も時代や地域によってさまざまな個性がある。現在の貨幣システムは歴史上の数あるモデルの一つに過ぎず、現状のものを必然とする思い込みは取り払うべきだ。

現状を相対化するといえば、貨幣を統合することは絶対的な善なのだろうか。グローバリズムへの批判としてもしばしば話にあがるように、均質化という名の少数規格による標準化は、多様性を否定し選択肢を減らすことでもある。貨幣に関しても、金融のグローバル化やユーロによる通貨統合は取引費用を減らしたが、貧富の格差を拡げたともいう。社会の厚生に最適な貨幣システムとはどのようなものなのか。現実にはどの貨幣システムも一長一短なのだろうが、では歴史はどんな知見を私たちに与えるのか。

本書では、中世から近世への移行期の日本で銭が統合に向かうなかでなにが起こっていたのか、そのダイナミズムを復元しようとした。三貨制度が成立した結果を知っている私たちは、ややもするとそれを必然として、思考を停止しかねない。しかし、歴史は予定調和ではない。日本の中世から近世への移行期には銭が統合へ向かう動きがあった一方で、社会ではそれに反する動きもあり続けた。現代へのヒントは、案外、こういったところにあるのかもしれない。

＊　＊　＊

本書は筆者が研究分担者として参加している研究事業「日本における紙幣の発生と展開」（JSPS科研費16H03650、研究代表者加藤慶一郎大阪商業大学教授）、「日本中世貨幣史の再構築」（同17H02389、研究代表者中島圭一慶應義塾大学教授）、「信用貨幣の生成と進化のメカニズムに関する歴史実証」（同18H00880、研究代表者鎮目雅人早稲田大学教授）と、「日本近世の貨幣統合と経済思想」（同17K03118、研究代表者高木）による成果です。

二〇一八年七月二五日

高木久史

主要参考文献

足立啓二『明清中国の経済構造』（汲古書院、二〇一二年）
網野善彦『日本の歴史をよみなおす』（筑摩書房、二〇一七年）
池上裕子『織田信長』（人物叢書272　吉川弘文館、二〇一二年）
池田善文『長登銅山跡』（同成社、二〇一五年）
石井　進『中世史を考える』（校倉書房、一九九一年）
伊東多三郎『近世史の研究』五（吉川弘文館、一九八四年）
岩橋　勝「江戸期貨幣制度のダイナミズム」（『金融研究』一七‐三、一九九八年）
同　「近世の貨幣・信用」（桜井英治ほか編『新体系日本史』12　山川出版社、二〇〇二年）
同　「出雲松江藩の銭遣い」（『松山大学論集』二四‐四‐二、二〇一二年）
上田　信『海と帝国』（中国の歴史9　講談社、二〇〇五年）
浦長瀬隆『中近世日本貨幣流通史』（勁草書房、二〇〇一年）
榎本宗次『近世領国貨幣研究序説』（東洋書院、一九七七年）
大石直正「北の周縁、列島東北部の興起」（『周縁から見た中世日本』日本の歴史14　講談社、二〇〇一年）
川平成雄『沖縄 空白の一年　1945―1946』（吉川弘文館、二〇一一年）
川戸貴史『戦国期の貨幣と経済』（吉川弘文館、二〇〇八年）

同　『中近世日本の貨幣流通秩序』（勉誠出版、二〇一七年）
神木哲男『日本中世商品流通史論』（有斐閣、一九八〇年）
貴田　潔「中世における不動産価格の決定構造」（『岩波講座　日本経済の歴史』1　岩波書店、二〇一七年）
久保健一郎『戦国時代戦争経済論』（校倉書房、二〇一五年）
黒田明伸『貨幣システムの世界史』増補新版（岩波書店、二〇一四年）
古賀康士「近世初期細川小倉藩の鋳銭事業」（『史学雑誌』一二五‐一、二〇一六年）
呉座勇一『戦争の日本中世史』（新潮選書、二〇一四年）
小葉田淳『日本の貨幣』（至文堂、一九五八年）
同　『日本貨幣流通史』改訂増補（刀江書院、一九六九年）
桜井英治「中世の貨幣・信用」（『新体系日本史』12〔前掲〕）
同　「中世史への招待」（『岩波講座　日本歴史』6　岩波書店、二〇一三年）
同　『交換・権力・文化』（みすず書房、二〇一七年）
櫻木晋一『貨幣考古学序説』（慶應義塾大学出版会、二〇〇九年）
同　『貨幣考古学の世界』（ニューサイエンス社、二〇一六年）
佐々木稔編著『鉄と銅の生産の歴史』増補改訂版（雄山閣、二〇〇九年）
鹿野嘉昭『藩札の経済学』（東洋経済新報社、二〇一一年）
鎮目雅人「貨幣に関する歴史実証の視点」『日本銀行金融研究所貨幣博物館　常設展示リニューアルの記録』（日本銀行金融研究所貨幣博物館、二〇一七年）
清水克行「大乗院尋尊の銭貨一覧表について」（『出土銭貨』八、一九九七年）

鈴木公雄『出土銭貨の研究』(東京大学出版会、一九九九年)
鈴木正貴「蕨平出土銭の銭貨」(『愛知県史研究』一六、二〇一二年)
関　周一『中世の唐物と伝来技術』(吉川弘文館、二〇一五年)
高木久史『日本中世貨幣史論』(校倉書房、二〇一〇年)
同『通貨の日本史』(中公新書2389、二〇一六年)
同『近世の開幕と貨幣統合』(思文閣出版、二〇一七年)
高島正憲/深尾京司/西谷正浩「成長とマクロ経済」(『岩波講座　日本経済の歴史』1［前掲］)
高橋　学「埋められた銭(緡銭)」(『広報だざいふ』二〇一二年七月一日号、二〇一二年)
田中浩司「十六世紀の京都大徳寺をめぐる貨幣について」(竹貫元勝博士還暦記念論文集刊行会編『禅とその周辺学の研究』永田文昌堂、二〇〇五年)
同「貨幣流通からみた一六世紀の京都」(鈴木公雄編『貨幣の地域史』岩波書店、二〇〇七年)
千枝大志『中近世伊勢神宮地域の貨幣と商業組織』(岩田書院、二〇一一年)
同「中世後期の貨幣と流通」(『岩波講座　日本歴史』8　岩波書店、二〇一四年)
同「藩札と羽書」(松阪市立歴史民俗資料館編『続・藩札と羽書』松阪市立歴史民俗資料館、二〇一五年)
同「十六世紀後半～十七世紀初頭の尾州津島の銭貨流通に関するノート」(日本史史料研究会編『日本史のまめまめしい知識』1　岩田書院、二〇一六年)
中川すがね「江戸時代の和算書における貨幣両替(一)」(『文学部紀要』［愛知学院大学］四四、二〇一四年)
中島楽章「撰銭の世紀」(『史学研究』二七七、二〇一二年)

中島　恵『なぜ中国人は財布を持たないのか』（日本経済新聞出版社、二〇一七年）
中島圭一「西と東の永楽銭」（石井進編『中世の村と流通』吉川弘文館、一九九二年）
同「中世貨幣の普遍性と地域性」（網野善彦ほか編『中世日本列島の地域性』名著出版、一九九七年）
同「室町時代の経済」（日本の時代史11　吉川弘文館、二〇〇三年）
同「撰銭再考」（小野正敏ほか編『モノとココロの資料学』高志書院、二〇〇五年）
同「十五世紀生産革命論再論」（『国立歴史民俗博物館研究報告』二一〇、二〇一八年）
中野節子『加賀藩の流通経済と城下町金沢』（能登印刷出版部、二〇一二年）
西谷正浩／早島大祐／中林真幸「政府の役割」（『岩波講座　日本経済の歴史』1〔前掲〕）
日本銀行金融研究所貨幣博物館編『貨幣博物館常設展示図録』（日本銀行金融研究所貨幣博物館、二〇一七年）
橋本　雄「撰銭令と列島内外の銭貨流通」（『出土銭貨』九、一九九八年）
同『中華幻想』（勉誠出版、二〇一一年）
同「中世日本と東アジアの金銀銅」（小野正敏ほか編『金属の中世』高志書院、二〇一四年）a
同「東アジア世界の変動と日本」（『岩波講座　日本歴史』8　岩波書店、二〇一四年）b
福井市立郷土歴史博物館編『福井藩札と江戸時代の貨幣』（福井市立郷土歴史博物館、二〇一一年）
藤井讓治「織田信長の撰銭令とその歴史的位置」（『日本史研究』六一四、二〇一三年）
同「近世貨幣論」（『岩波講座　日本歴史』一一　岩波書店、二〇一四年）
藤木久志『戦国社会史論』（東京大学出版会、一九七四年）
古野　貢「信長の『天下』は日本全国を指すのか」（渡邊大門編『戦国史の俗説を覆す』柏書房、二〇一六

年）
本多博之『戦国織豊期の貨幣と石高制』（吉川弘文館、二〇〇六年）
同　「織田政権期京都の貨幣流通」（『広島大学大学院文学研究科論集』七二、二〇一二年）
同　『天下統一とシルバーラッシュ』（歴史文化ライブラリー404　吉川弘文館、二〇一五年）
同　「中世貨幣」（『岩波講座　日本経済の歴史』1［前掲］）
真栄平房昭「中世・近世の貿易」（『新体系日本史』12［前掲］）
マクニール、ウィリアム・H／マクニール、ジョン・R『世界史』1（楽工社、二〇一五年）
増井経夫『中国の銀と商人』（研文出版、一九八六年）
松延康隆「銭と貨幣の観念」（『列島の文化史』6　日本エディタースクール出版部、一九八九年）
三宅俊彦『中国の埋められた銭貨』（同成社、二〇〇五年）
宮澤知之『中国銅銭の世界』（佛教大学通信教育部、二〇〇七年）
毛利一憲「ビタ銭の価値変動に関する研究」上・下（『日本歴史』三一〇・三一一、一九七四年）
安国良一『日本近世貨幣史の研究』（思文閣出版、二〇一六年）
山田勝芳『貨幣の中国古代史』（朝日選書660、二〇〇〇年）
脇田晴子「物価より見た日明貿易の性格」（宮川秀一編『日本史における国家と社会』思文閣出版、一九九二年）
渡　政和「絵画資料に見る中世の銭」上・下（『研究紀要』［埼玉県立歴史資料館］一五・一六、一九九三・九四年）

高木久史（たかぎ ひさし）

1973年大阪府生まれ。2005年、神戸大学大学院文化学研究科修了。博士（学術）。専門は日本中世・近世史。越前町織田文化歴史館学芸員を経て、現在、安田女子大学文学部准教授。著書に『日本中世貨幣史論』（校倉書房）、『通貨の日本史――無文銀銭、富本銭から電子マネーまで』（中公新書）、『近世の開幕と貨幣統合――三貨制度への道程』（思文閣出版）、共著に『新時代の博物館学』（芙蓉書房出版）、『Handbook of the History of Money and Currency』（Springer、近刊）などがある。

［中世から近世へ］

撰銭《えりぜに》とビタ一文《いちもん》の戦国史《せんごくし》

発行日　2018年8月24日　初版第1刷

著者　高木久史
発行者　下中美都
発行所　株式会社平凡社
〒101-0051 東京都千代田区神田神保町3-29
電話（03）3230-6581［編集］（03）3230-6573［営業］
振替 00180-0-29639
ホームページ http://www.heibonsha.co.jp/
印刷・製本　株式会社東京印書館
DTP　平凡社制作

ISBN978-4-582-47740-5
NDC分類番号210.47　四六判（18.8cm）　総ページ224